KB251942

들어볼래?
J-POP!

오늘의 일본음악이 궁금하다면
今日の日本音楽が気になるなら

들어볼래? J-POP!

오늘의 일본음악이 궁금하다면
今日の日本音楽が気になるなら

초판 1쇄 펴낸 날 | 2026년 3월 27일

지은이 | 황선업
펴낸이 | 홍정우
펴낸곳 | 브레인스토어

책임편집 | 김다니엘
편집진행 | 김진호, 정채현, 박혜림
디자인 | 이예슬, 전영진
마케팅 | 방경희
사진 | 게티이미지, 황선업

주소 | (03908) 서울시 마포구 월드컵북로 375, DMC이안상암1단지 2303호
전화 | (02)3275-2915~7
팩스 | (02)3275-2918
이메일 | brainstore@publishing.by-works.com
블로그 | http://blog.naver.com/brain_store
인스타그램 | https://instagram.com/brainstore_publishing

등록 | 2007년 11월 30일(제313-2007-000238호)

ⓒ 브레인스토어, 황선업, 2026
ISBN 979-11-6978-078-0 (03670)

* 이 책은 저작권법에 따라 보호받는 저작물이므로 무단전재와 무단복제를 금하며, 이 책 내용의
  전부 또는 일부를 이용하려면 반드시 저작권자와 브레인스토어의 서면 동의를 받아야 합니다.
* 잘못 만들어진 책은 구입하신 서점에서 교환하실 수 있습니다.
* 독자의 부주의로 훼손된 도서나 필요 이상의 물리적인 힘이 가해져 파손된 도서는 교환, 환불이
  불가합니다.

들어볼래 제이팝

황선업 지음

bs
브레인스토어

오늘의 일본음악이 궁금하다면
今日の日本音楽が気になるなら

J-POP

찰나를 넘어
우리 곁에 도착한 일본 음악

처음 제안을 받았을 때만 해도, 내가 다시 책을 쓸 수 있으리라고는 생각치 못했다. 평론가 활동 초기 글쓰는 역량이라곤 한참 모자랄 당시 운 좋게 과분한 기회를 받은 적이 있다. 호기롭게 잡아든 의욕과는 달리, 자신의 한계를 실감하며 겨우겨우 60팀의 아티스트 바이오그래피를 정리해 보냈다. 그렇게 인생 첫 저서가 탄생했다. 벌써 햇수로 11년 전 일이다. 꽤나 긴 시간을 거쳐오는 동안, 일본 음악은 우리나라에서 크게 주목받지 못한 채 소수만의 전유물로 기나긴 터널을 지나왔다. '언젠가는 한국에서도 JPOP을 찾는 사람들이 많아질 거야'라는 개인적인 희망 역시 그 빛을 잃어가고 있었던 것도 사실이다.

그러던 나에게 최근 몇 년은, 말 그대로 오지 않을 것 같던 사건이 이 윽고 도래한 시간이었다. 멜론 HOT 100에 일본 아티스트가 랭크되고, 거의 매주 내한공연이 펼쳐지는가 하면, 트렌디한 곳이라 자처하는 곳에선 높은 확률로 선율을 얹은 히라가나가 들려왔다. 무엇보다 더 이상 사람들이 일본 음악에 대해 거부감을 가지지 않는 듯한 인상이 실로 놀라웠다. 그럼에도 애써 섣부른 확신을 삼갔다. 괜히 또 금방 지나갈 찰나의 흐름에 기대했다가 괜히 실망하고 싶진 않았던 탓이었다. 그렇게 1년, 2년이 흐르고, 이 분위기가 지속되고, 집필 제안을 받고, 에디터님이 공들여 작성해 주신 기획서를 읽어보고 나서야, 마침내 알게 되었던 것 같다. 우리나라 대중들의 바다 건너 음악 신에 대한 관심이, 잠깐 왔다 사라질 찰나의 것은 아니라는 사실 말이다. 그렇게 이 책은 시작될 수 있었다.

논의 과정에서 비교적 최근의 키워드를 중심으로 내용이 꾸려졌으면 좋겠다는 요청을 받았다. 그 타깃을 어떤 이들로 할지 고민하던 중, 내가 일본 음악을 듣기 시작하던 2000년대 초반을 돌아봤다. 그 당시 가장 답답했던 게 뭐였더라. 아무래도 이 카테고리를 어떻게 즐기면 좋을지에 대한 가이드라인의 부재였다. 그곳은 어떻게 돌아가는지, 어떤 이들이 어떤 매력으로 공존하고 있는지, 최근의 경향은 무엇인지, 더 깊숙이 즐기려면 어떻게 해야하는지. 이 책은 그 당시 내가 가지고 있던 그런 갈증을 풀어준다고 상상하며 작성했다고 봐도 무방하다. 정해진 분량상 미처 다루지 못한 테마도 많고, 이미 여기에 있는 내용을 알고 계신 분도 있을 것이다. 어쨌든 할 수 있는 한도 내에서 흥미로운 주제들을 모아 정리하고 개인적인 사견을 덧붙였다. 더불어 각 챕터에 등장하는 음악을 유튜브 플레이리스트로 만들어 바로 들어볼 수 있도록 QR 코드로 삽입해두었다. 요 몇 년간 일본 음악의 매력을 깨닫고 본격적으로 즐기고자 하는 이들에게는 좋은 입문서 역할을 할 것이라 믿는다.

마지막으로 덧붙이자면, 일본 음악의 매력은 다양성이다. 저마다의 색을 가진 수많은 아티스트들이 각자의 자리에서 빛나고 있다. 그 다양성이라는 씨앗의 수는 어떻게 보면 곧 꿈의 가짓수이기도 하다. 그러한 측면에서 꼭 일본 음악이 아니더라도, 모두가 꾸준히 자신의 취향을 유지했으면 한다. 이를 통해 보다 우리나라의 문화적 토양에 여러 가지 모습과 빛깔의 결과물들이 싹트기를 바란다.

그렇게 된다면 아마 지금보다는 훨씬 많은 종류의 롤 모델이 생겨날 것이다. 꼭 한 가지 길을 따라 경쟁하지 않아도, 본인만의 매력과 개성을 통해 성공할 수 있는 세상이 될 수 있지 않을까. 그것은 거창한 운동이나 선언이 아니라, 취향을 추구하는 사람들이 일상에서 만들어 나가는 것이라 생각한다. 다시 말해, 일본 음악을 열심히 디깅하고 공연장에 찾아가 목이 나갈 듯 떼창하는 이들 말이다. 부디 이 책이, 그런 이들의 손에 닿기를 바란다.

차례

PART 3

시대를 노래하는 얼굴들:
유일무이한 세계관의 아티스트

PART 4

디지털이 설계한 문법:
서브컬처에서 메인스트림으로

PART 5

갈라파고스의 설계자들:
그들만의 독자적 시스템

PART 6

국경을 가로지르는 멜로디: 엇갈린 시선과 공생의 선율

일러두기

각 챕터 제목 하단에는 해당 챕터에서 소개하는 음악을 들을 수 있는 플레이리스트 QR 코드가 삽입되어 있습니다.

PART 1

·

한국 대중 속으로
침투한 JPOP

カラオケ
ねきねこ

ゲーム

サウナ道場
PRESENTED BY JEPPEN

渋谷センター街

Get
into the
Gaming

渋谷
飛びぬけ

Get
into the
Gaming
Oasis

カラオケ

渋谷セ

4F

GiGo

SHIBUYA
VIDENT

渋谷センター街

GiGo
渋谷

NEW SONG
friends

이마세와 요아소비, 그리고 <THE FIRST SLAM DUNK>까지
- 일본 음악이 한국에 정착하다

일본 음악은 어느 순간 불쑥 수면 위로 떠오른 느낌이 든다. 2010년 대까지만 해도 힘을 못 쓰던 이 변방의 카테고리가 사람들의 입에서 오르내리는 것 자체가 믿기지 않을 때도 있다. JPOP을 좋아한다고 밝히는 것만으로도 좋지 않은 시선을 받던 시절이 있었다. 그렇기에 지금의 상황이 더욱 극적으로 다가오기도 한다.

일본 음악에 대한 관심이 조금씩 꿈틀대던 때가 2022년 말 정도였던 걸로 기억한다. 유튜브나 인스타그램의 숏폼 콘텐츠에 갑자기 몇몇 JPOP 노래들이 처음 보는 신대륙인 마냥 조금씩 소개되던 시기로 기억한다. 후지이 카제(藤井 風)의 '死ぬのがいいの(죽는 편이 나아)'(2020), 아이묭(あいみょん)의 '愛を伝えたいだとか(사랑을 전하고 싶다든가)'(2017), 유우리(優里)의 'ベテルギウス(베텔기우스)'(2021), 오피셜히게단디즘(Official髭男dism)의 'Pretender'(2019)가 그 당시 자주 눈에 띄던 주요 레퍼토리들이었다. 이런 붐업에 잠시 실례기도 했

지만, 그저 우연히 알고리즘을 타고 있나 보다 하고 대수롭지 않게 넘기던 때였다.

그건 오산이었다. 어느 순간부터 그 불꽃은 기름을 들이부은 듯 활활 타오르기 시작했다. 확실히 SNS 네이티브 세대의 취향 탐색에는 국경이 크게 상관이 없구나 싶었다. 일본은 2010년대 중반을 거치며 10대를 중심으로 SNS를 통해 한국의 유행이 일시에 공유되었던 적이 있다. 한국의 화장품이나 핫도그, 삼겹살 등의 먹거리, 여기에 트와이스의 일본 진출에 결정적 역할을 했던 'TT' 댄스까지. 모두가 인스타그램과 틱톡을 통해 도항했다.

시공간이 연결된 인터넷 환경을 당연하게 여겨온 잘파세대에겐, 전 세계의 트렌드 중 자신의 취향에 맞는 것을 고를 수 있는 특권이 주어져 있던 셈이다. 이런 매커니즘 안에서, 한국의 10~20대들에게 미경험의 영역인 일본 음악의 매력이 뒤늦게 전해졌다고 봐도 좋을 듯하다. 여기엔 KPOP 외의 선택지를 찾고 있던 이들의 반향 또한 크게 작용했다고 보여진다.

이 과정에서 한국 내 일본 음악 붐을 견인했던 몇 가지 결정적 순간이 있다. 우선 이마세(imase)가 부른 'Night Dancer'(2022)의 히트다. 멜론 TOP 100에 랭크인된 최초의 JPOP으로, 도회적인 사운드와 캐치한 선율이 보편적인 매력으로 어필한 것이 주효했다. 'どうでもいいような夜だけど(아무래도 좋은 밤이지만)'라는 인트로의 한 구절에 거의 모든 킬링 포인트가 내재되어 있는 이 곡은, 잠시간의 지루함을 견디지 못하는 이들의 구미에 정확히 부합한다. 이마세는 후렴만을 짧게 만들어 업로드하는 '틱톡발 뮤지션'으로 경력을 시작했다. 즉, 애초

에 해당 플랫폼의 소비자를 타깃으로 해 왔다는 이야기다. SNS 세대에 대한 정확한 수요 파악이 해외에서의 반응을 이끈 요인이었다고 할 수 있을 것이다.

'Night Dancer'가 시티 팝 기반의 사운드를 장착했다는 점에도 주목할 만하다. 당시 한국 사람들에게 있어 일본 음악은 AKB 류의 아이돌이나 쟈니스 중심의 팬덤 위주로 알려져 있던 것이 현실. 그 와중에 돌연 나타난 'Night Dancer'는 음악 애호가라면 선뜻 귀를 내줄법한 신선함을 느끼게 해주었다. 이는 '남들이 모르는 것을 선점하고픈' 그런 선도자로서의 욕구를 채워 주기에도 충분했다. 다만 이마세의 경우 그 돌풍이 오래가지는 못했다. 이후 발표 곡이 한국에서 큰 반향이 없었다는 것은, 아티스트보다는 노래의 존재감이 월등히 컸음을 방증하고 있다.

그 다음은 역시 요아소비(YOASOBI)의 'アイドル(아이돌)'(2023)이다. 애니메이션 〈최애의 아이〉의 주제곡으로서 작품의 화제성을 등에 업은 히트이기도 했지만, 이 과정에서 눈여겨봐야 할 것은 숏폼 콘텐츠를 통한 확산이다. 일본 현지에서 노래와 안무를 곁들인 '챌린지'가 큰 인기를 끌었고, 이 행렬에 KPOP 스타들이 참여하게 되며 국내에 본격 확산되기 시작했다.

음악 자체도 매력적으로 다가왔다. 여러 장르를 가져와 치밀한 사운드를 빚어내는 KPOP의 요소를 일부 차용, 여기에 보컬 이쿠라(ikura)의 청량한 음색은 충분한 소구력을 갖추고 있었다. JPOP도 우리나라에 이렇게까지 화제가 될 수 있음을 증명하며 별도 장르로의 존재감을 구축하기에 이르렀다. 이후 그룹은 2023년과 2024년 연달아 한국올

찾았고, 인스파이어 아레나에서 이틀 동안 약 2만명의 관객을 불러모으는 엄청난 실적을 올리기도 했다. 그리고 2026년, 이제 그들은 대망의 고척돔 공연을 앞두고 있다.

마지막으로 많은 이들의 추억을 불러모음과 동시에 만만찮은 신규 지지자를 창출했던 〈THE FIRST SLAM DUNK〉다. 당초에는 과거 팬들만의 잔치가 될 것이라는 예상이 우세했으나, 이를 훌쩍 뛰어넘은 열기로 1년여 간의 장기 상영을 이어간 결과 관객 490만명을 돌파하며 그 해 박스오피스 6위에 랭크되는 쾌거를 이뤘다. 그 과정에서 OST

를 담당한 밴드 텐-핏(10-FEET)의 주가는 수직상승했다. 특히 작품의 역동성과 에너지를 더해주었던 삽입곡 '第ゼロ感(0번째 감각)'(2022)은 그들을 대표한 시그니처 송으로 자리잡으며 한국에서도 큰 인기를 누렸다. 현지에서는 록 팬들의 슬램을 리드했던 아저씨 밴드가, 졸지에 한국의 10~20대 관객들에게 아이돌 대접을 받았던 내한공연의 광경은, 내가 일본 음악 마니아로 살아왔던 20여 년 간의 경험 속 가장 놀라운 장면 중 하나로 남아있기도 하다.

흥미로운 것은, 앞서 소개한 사례들이 각기 다른 방향성의 전파를 보여주고 있다는 점이다. 이마세의 경우 '시대에 부합하는 보편적 대중성'이 음악에 대한 흥미 유무나 일본 음악에 대한 사전지식과 관계없이 일반 청중에게 반응을 이끌어 낸 케이스였다. 요아소비는 애니메이션 기반의 전파력과 함께 숏폼 챌린지라는 부가적인 콘텐츠를 합쳐 새로운 히트 공식을 주조해냈다. 이후 전 세계적인 인기를 구가한 크리피 넛츠(Creepy Nuts)의 'Bling-Bang-Bang-Born'(2024)은 이러한 방법론을 더욱 극대화한 경우라고 할 수 있을 것이다. 텐-핏은 아무래도 원작이 가진 인기가 다른 타이업 사례에 비해 보다 큰 비중을 차지했음을 인정해야 할 것 같다. 물론 이 결과에 있어 영상과 음악 간 최대치의 시너지를 보여준 팀의 역량을 간과해서는 안 될 것이다.

여기에 넷플릭스의 존재감은 절대적이다. 전 세계를 관통하는 보편적 콘텐츠 공급소로 자리한 넷플리스는 "넷플릭스 히트작 = 대중적인 것, 대세 콘텐츠"라는 인식을 심으며 기존에는 다소 거부감을 줄 법한 일본 애니메이션에 대한 장벽을 낮추는 데 크게 일조했다. 그렇게 '오타쿠'스러운 분위기를 달피해 '가볍게 보는' 스낵 컬처로 받아들여진 측면이 있으며, 일본은 이 흐름을 타고 톱 아티스트 군을 적극적으로 타이업에 기용하며 JPOP의 글로벌화를 가속화하고 있다는 해석이 일견 타당하게 보인다.

그렇게 2024년부터 시작된 나름의 JPOP 황금기는, 이마세나 요아소비와 같이 뉴스에 날만한 센세이셔널한 사건은 없을지언정 잠재적 수요가 있는 시장으로 인정받은 덕에 일본 음악 마니아들에게 있어서는 훨씬 좋은 콘텐츠와 인프라가 형성된 시기라고 할 수 있을 것이다. 내한공연과 페스티벌에 이어 개별 아티스트나 애니메이션의 팝업 스토어 역시 빈번하게 개최되고 있는 지금, 일본 음악의 한국 내 정착은 이제 일시적 '붐'이 아닌 하나의 '문화'로 자리를 잡아가고 있음을 실감하고 있다.

한국 내 일본 음악 팬의 상상이 현실화 되다

- 최초 JPOP 페스티벌 〈원더리벳 2024〉의 풍경과 의미

일본 음악을 향유해온 20여 년 세월 중 가장 인상적인 순간 하나를 꼽는다면, 아무래도 2024년 11월 8일을 빼놓을 수 없다. 한국 최초 JPOP 페스티벌 〈원더리벳 2024〉의 막이 오른 이날은, 단순한 이벤트를 넘어 문화적 패러다임 전환을 알리는 상징적인 순간이었다.

사실 5년 전은 고사하고 불과 2~3년 전만 해도 이 규모의 일본 음악 축제는 상상조차 불가능했다. 개별 뮤지션의 단독 콘서트는 팬덤의 힘으로 성사될 수 있었을지언정, '일본 음악'이라는 카테고리로서의 정체성 확립은 전혀 다른 차원의 이야기였기 때문. 〈원더리벳 2024〉의 개최는, 개별적 팬덤을 넘어 'JPOP'이라는 장르가 독립성을 획득했음을 의미했다. 설명이 길었지만, 어쨌든 한국 내 일본 대중문화 붐에 있어 새로운 전기를 맞이하는 순간이라는 것만은 확실히 알 수 있었다.

지금에 와 돌이켜보면, 불안감이 있었던 것도 사실이다. 과연 특정 팀이 아닌 JPOP 자체를 좋아하는 관객으로 묶일 수 있을까 하는 의문

이 그 실체였다. 그런 기대 반 우려 반의 마음으로 행사장에 도착해 처음 마주한 광경은 실로 인상적이었다. 10대 후반~20대 초중반의 젊은 세대가 주축이었으며, 무엇보다 아티스트 굿즈 착용 비율이 압도적이었다. 단순한 '경험 소비'를 넘어 '마니아'로서의 특성을 드러내고 있다는 점에서, 이 문화 자체에 대한 깊은 애정을 지닌 이들임을 확신했다.

더욱 주목할 점은 개별 팬덤의 경계를 넘나드는 관객들의 행동 양식이었다. 각자의 최애 뮤지션은 분명히 존재했지만, 특정 팀만을 위해 무리하게 펜스를 점유하는 배타적 팬덤 행태는 비교적 드물었다. 장르를 넘나드는 여러 참여 팀이 개성적인 무대를 선보였으며, 일본어에 익숙한 관객들은 뮤지션이 놀랄 정도의 격렬한 반응으로 화답했다. 타이업 곡을 통한 진입자, 우타이테(歌い手) 시절부터의 충성 팬, 오랜 공백 후 재회를 기다린 이들, 새로운 취향 발굴을 기대하는 탐험가들이 자연스럽게 어우러지며 하나의 'JPOP 팬'이라는 아이덴티티로 수렴되는 과정을 목격할 수 있었다.

각 뮤지션의 퍼포먼스는 특유의 다양성을 내포한 가운데, 언어적 장벽을 초월하며 재차 '음악의 힘'이 무엇인지를 보여주었다. 애니메이션 〈걸즈 밴드 크라이〉의 주인공인 토게나시토게아리(トゲナシトゲアリ)의 화려한 퍼포먼스는 영상을 동반해 분위기를 고조시켰으며, 의외의 복병이었던 알리(ALI)는 브라스를 동반한 펑크와 소울, 라틴뮤직과 재즈를 융합한 독보적 사운드를 통해 상대적으로 낮은 인지도를 극복하며 관객들을 무아지경에 빠뜨렸다. 유쾌한 파티 같은 순간을 연출한 스미카, 뛰어난 보컬 역량으로 관객을 휘어잡은 리틀 글리 몬스터(Little Glee Monster), 여느 록 축제에 뒤지지 않는 광란의 무드를 선사한 맨 위드 어 미션(MAN WITH A MISSION) 등 일본 음악 특유의 다채로운 면모가 모든 이를 하나로 결집시키는 모습이었다. 여기에 시간을 거슬러 올라가 오리지널 멤버와 함께 'miss you'(2003)를 선사한 엠플로(m-flo), 감정적 폭을 압축해 독창적인 서정성을 흩뿌린 미레이(milet)까지, 3일 중 이틀만 참여했음에도 그 포만감은 그간 가지고 있던 공허함을 달래주기에 충분했다.

이 행사 이전까지 일본 음악 평론가로서 여러 곳에서 받았던 "JPOP 붐이 한국에 정말 온 건가요?"라는 질문에 조금은 모호하게 답변했던 것도 사실이다. SNS 숏폼을 중심으로 촉발된 이 현상이 정말 '일본 음악' 전반에 대한 관심이었는지 불분명했을 뿐더러, 트렌드의 수명이 특히 짧은 한국에서 이러한 관심이나 인기가 지속될 수 있을지에 대한 확신이 없었기 때문이다. 하지만 〈원더리벳 2024〉를 통해 비로소 우리나라에 작게나마 JPOP 붐이 존재한다고 확신할 수 있었다.

3일간 킨텍스를 찾은 관객 수는 약 25,000명. 이는 단순한 수치 이상의 의미를 지닌다. 서로의 존재조차 몰랐던 암흑 같던 시절을 지나, 더 이상 숨어있을 필요 없이 자신을 드러내고 같은 취향을 가진 이들과 교류하며 있는 힘껏 환호를 보낼 수 있음을 깨달은 이들의 규모다. 그렇다. 이 행사의 가장 큰 의의는 일본 음악 애호가들의 힘을 원기옥 모으듯 결집해 '한여름 밤의 꿈'에 머물 수도 있었던 이벤트를 '지속 가능한 현실'로 만들었다는 데 있다. 다소 거창할 수 있지만, 어떻게 보면 현장에 있었던 관객들의 승리이기도 한 것이다. 단순히 하나의 축제가 성공했다는 것을 넘어, 한국 내 일본 음악 문화가 독립적이고 지속 가능한 문화적 영역으로 들어섰음을 의미하는 〈원더리벳 2024〉. 이 행사의 성공은 그야말로 이후 전개될 더욱 풍성한 일본 음악 문화 전개의 서막이었다.

음악 마니아의 버킷 리스트
- 일본의 대형 록 페스티벌

돌아보면 우리나라도 어느덧 매달, 아니 매주 어딘가에서는 음악 페스티벌이 열리고 있는 것 같다. 그 성격도 천차만별이다. 만약 페스티벌 애호가라면, 아마 한번쯤은 일본 쪽으로 눈을 돌려봤을 공산이 크다. 특히 평소 접하기 힘든 해외 팀 중심의 '록 페스티벌'을 선호한다면, 〈후지 록 페스티벌〉이나 〈섬머 소닉〉과 같은 여름 축제를 방문하는 것이 버킷 리스트일 확률이 높을 것이다. 최근에는 JPOP의 인기가 높아지며 현지 팀 위주의 로컬 록 페스티벌도 여기저기서 많이 언급되는 느낌이다. 조금만 검색에 시간을 들인다면, 일본 페스티벌 신은 음악 생활을 한 차원 더 풍요롭게 해줄 동반자인 셈이다.

앞서 언급한 〈후지 록 페스티벌〉은 1997년, 〈섬머 소닉〉은 2000년에 각각 시작되었다. 1990년대 후반에 이르러 글레이(GLAY)와 라르크 앙시엘(L'Arc~en~Ciel), 비즈(B'z)나 미스터 칠드런(Mr.Children) 등의 밴드들이 음반 산업의 황금기를 이끌었고, 이와 같은 '리얼 세션' 중심의 아티스트로 인해 대중들의 라이브 참여 욕구는 나날이 높아졌다. 더불어 서구 음악 수요 증가와 시부야계 및 트랜스 뮤직의 성행 등 다양성의 범위가 커지던 시기, 이 두 페스티벌은 여러 니즈를 흡수하며 아시아의 대표적 음악 행사로 자리매김하게 되었다. 다만 2000년대 초중반까지만 해도 비교적 록 중심의 라인업으로 운영된 탓에 해당 장르의 불모지였던 한국에서는 '아는 사람만 아는' 그런 축제이기도 했다. 최근 〈펜타포트 록 페스티벌〉에 가면 거의 10명에 2~3명은 〈섬머소닉〉 티셔츠를 입고 있는 지금의 분위기와는 확연히 달랐다.

관객수와 경제적 영향력 등의 측면에서 두 행사는 '일본 록페'를 언급할 때 빠뜨릴 수 없는 양대산맥이 되었지만, 그 콘셉트가 명확히 다르다는 점이 흥미롭다. 〈후지 록 페스티벌〉은 영국의 〈글래스톤베리 페스티벌〉을 본떠 '야외 캠핑형'의 방향성을 이어오고 있다. 1999년 이래 나에바 스키장에서 개최되고 있으며, 가장 가까운 전차역인 JR 에치고 유자와 역에서도 셔틀버스로 약 40분~1시간이 소요된다. 이로 인해 근처 숙소 예약 경쟁이 치열하고, 대규모 텐트 사이트가 숙박 시설의 중심이 된다. '후지 록의 진정한 매력은 캠핑에 있다'는 말처럼, 고생과 특별함이 비례한다는 설명이 적합할 듯 싶다. 출연진 역시 조금은 트렌디와 거리가 있는, '음악 팬'들이 좋아할 법한 다양한 장르의 팀들 중심으로 구성. 자신이 모르는 새로운 음악세계를 경험하고 싶은 이들에게 보다 어필할 듯 싶다.

〈섬머 소닉〉은 완전한 도심형 페스티벌이다. '당일치기라도 부담 없이'라는 슬로건이 지향점을 잘 보여준다. 도쿄와 오사카에서 이틀간 동시에 열리며, 출연진을 교차 배치하는 방식은 영국의 〈레딩 & 리즈 페스티벌〉에서 차용했다. 대중교통의 접근성이 좋고 실내외 공간을 오가며 더위를 피할 수 있다는 장점 등으로 인해 우리나라 관객들의 최우선 타깃이 되는 행사이기도 하다. 2010년대 중반까지만 해도 네임드 록 밴드가 라인업의 중심이었으나, 이후 헤드라이너로 래퍼나 EDM 뮤지션을 기용하고 특히 코로나19 이후 KPOP이나 아이돌의 비중을 늘리며 팝 페스티벌로 새롭게 포지셔닝한 상태다. 최신 트렌드를 반영한 이른바 '인싸픽' 행사인 셈. 팬덤형 아티스트가 많아지며 이른 시각에 앞자리를 맡으려는 관객들이 몰리자 작년부터는 최초로

들어볼래? J-POP!

'우선입장권'을 도입하기도 했다. 〈그랜드 민트 페스티벌〉은 아마 이 〈섬머 소닉〉의 사례를 벤치마킹하지 않았나 싶은 생각이 들기도.

지금도 나는 매년 이 두 행사의 라인업을 손꼽아 기다린다. 여기에는 이유가 있다. 한국과 주요 출연진이 연계되는 경우가 많기 때문이다. CJ E&M이 주관했던 〈지산 밸리 록 페스티벌〉은 〈후지 록 페스티벌〉과 라인업을 공유했고, 〈펜타포트 록 페스티벌〉 또한 〈섬머 소닉〉에서 헤드라이너를 데려오는 경우가 많았다. 이는 공연 시장이 크지 않은 조건에서 할 수 있는 최선책이기도 했다. 일본을 방문하는 아티스트 역시 오는 김에 많은 곳에서 공연할 수 있다면 수입 측면에서 유리할 터. 다만 '결국 한 해 장사를 일본 페스티벌만 바라봐야 하는' 입장은 조금 아쉽기도 했다. 다행히 최근 〈펜타포트 록 페스티벌〉과 〈부산 국제 록 페스티벌〉이 옆 나라의 일정과 상관 없이 네임드 헤드라이너를 섭외하며 조금씩 그 의존도를 줄여가고 있는 추세.

코로나19 이후 캐주얼 팬이 대거 유입되며 한국 페스티벌 지형도가 새롭게 그려지는 중인 우리나라처럼, 일본 역시 그 변화가 만만치 않다. 〈섬머 소닉〉의 팬덤 중심 수익구조 개편은 기존 팬들의 비난과는 상관없이 이익적인 측면에서 성공적으로 정착하는 모양새다. 〈후지 록 페스티벌〉은 대형 레전더리 뮤지션의 감소와 혹독한 날씨로 인해 기존의 메인 고객이었던 중장년 팝/록 팬들이 이탈하며 다소 상업적 부침을 겪고 있는 상황.

이 틈새시장을 겨냥한 〈Rockin' on Sonic〉이 2025년 1월에 첫선을 보였다. 음악매체 록킹온(Rockin' on)과 공연기획사 크리에이티브맨(creativeman)의 협업으로 탄생한 이 페스티벌은 오랫동안 해외 대중음

악을 즐겨온 이들을 만족시키는데 초점을 맞춘 실내/도심형 행사다. 위저(Weezer)와 펄프(Pulp), 세인트 빈센트(St.Vincent)와 프라이멀 스크림(Primal Scream) 등의 무게감 있는 라인업으로 첫 개최부터 꽤 좋은 성적을 거두기도 했다. 다만 2026년은 관객 동원 측면에서 꽤 고전하고, 첫날 헤드라이너였던 펫 샵 보이즈(Pet Shop Boys)의 출연이 갑작스레 취소되는 등 정착에 있어 다소 고전하는 중이다. 어쨌든 페스티벌 문화에 대한 인식 변화와 방문 목적 다양화에 따라, 일본은 각 수요에 맞춰 시장을 세분화해 가고 있는 상황이다.

한국 역시 언제까지 〈펜타포트 록 페스티벌〉이나 〈부산 국제 록 페스티벌〉만은 바라볼 수 만은 없는 일이다. 최근 몇 년 새 여러 선택지가 생겼다는 점은 반길 만한 일이다. 생소할 수 있는 아시아 뮤지션들의 쇼케이스를 표방해 음악 마니아들의 단비가 되어준 〈아시안 팝 페스티벌〉이 호평을 받고 있으며, 철원 고석정을 터전으로 잡아 아티스트 대신 관객을 주인공으로 한 색다른 경험을 제공하는 〈DMZ 피스 트레인〉 역시 많은 이들의 새로운 버킷 리스트로 자리 잡아가는 중이다. 꼭 유명 뮤지션이 꽉꽉 들어차 있어야만 좋은 페스티벌이 아니다. 함께 즐기고 노래하며 그곳에 있는 모두와 하나가 될 수 있다면, 그것이 바로 최고의 페스티벌이 아닐까. 그럴 듯한 라인업으로만 장식된 행사가 아닌, 철학과 개성이 명확한 페스티벌이 늘어나기를 기대해 본다.

내한공연 러쉬 시대,
그럼에도 현지로 가는 이유

　한국 내 일본 음악의 인기를 체감하게 되는 순간은 아무래도 기하급수적으로 늘어난 내한공연 소식을 접할 때가 아닌가 싶다. 불과 4~5년전만 해도 꿈조차 꾸지 못했던 슈퍼스타들의 잇따른 방문부터, 바다 건너 시장의 가능성을 포착한 기획사나 프로모터들이 야심차게 문을 두드리는 소규모 공연까지. 여기에 여러 페스티벌을 통해 우리나라를 찾는 아티스트들을 합하면 정말 '내한 러쉬'라는 표현이 어울린다. 오로지 라이브를 보기 위해 보통 1년에 일본을 3~4차례 찾았던 나 역시, 최근엔 그 갈증이 많이 해소된 듯한 느낌이다. 참으로 일본 음악 애호가들에게 있어 좋은 시대구나라는 생각이 재차 드는 지점이다.

　그럼에도 현지 공연은 어떻게 갈 수 있냐는 질문을 종종 받는다. 내한공연이 셀 수 없이 개최됨에도 이러한 니즈가 지속되는 이유는 크게 두 가지다. 본인이 원하는 아티스트가 오지 않거나, 혹은 그곳에서만 준비된 콘셉드와 연출을 즐기고 싶거나. 개인적으로도 좋아하는 뮤지션은 가급적 현지공연을 관람하려 하는 편이다. 타국에서 진행되는 이벤트의 경우 장소나 규모로 인해 전반적인 연출이 축소되는 경우가 많고, 내한은 아무래도 일회성 공연인지라 히트곡 중심의 세트리스트를 구성해 오는 경우가 많기 때문이다. 이에 반해 철저히 '새 앨범'을 중심으로 진행되는 현지 라이브 투어는 그 아티스트가 지향하는 '지금'을 보기에 가장 적합하다. 더불어 아티스트 역시 본인이 원하는 사운드와 연출을 100% 구현할 수 있기에 상호 만족도가 높아질 수밖에 없다.

물론 현지공연과 내한공연의 지향점이 다르니 호불호는 갈릴 수 있겠다. 세카이 노 오와리(SEKAI NO OWARI)를 예를 들어보자. 3천석 규모의 블루스퀘어에서 열렸던 한국공연이 근거리에서의 호흡을 통해 친밀감을 느낄 수 있는 로맨틱 드라마라면, 6만명 규모의 닛산 스타디움 라이브 〈Twilight City〉는 거대 조형물과 스케일 큰 연출이 가미된 블록버스터 영화인 셈이다. 그래도 결국 어떤 뮤지션의 팬이 된다면, 현지 공연은 자연스럽게 최종 목표이자 버킷리스트 중 하나로 자리잡게 되는 것 같다.

사실 자신이 좋아하는 이들의 라이브를 보기 위해 일본을 찾는 이들이 갑자기 생겨난 것은 아니다. 우리나라에 올 가망이 없으니 어떻게든 루트를 뚫어 기어이 자신의 자리를 획득하는 '의지의 한국인'은 이전부터 존재했다. 최근까지만 해도 오피셜히게단디즘의 닛산 스타디움 라이브에 100명이 넘는 국내 팬들이 참석했다든지, 아이묭이 자신의 공연을 찾아온 한국 팬들에게 인사를 건넸다든지 하는 류의 이야기를 꽤나 자주 듣는다. 나 역시 즛토마요나카데이이노니.(ずっと真夜中でいいのに。) 공연에서 옆자리에 앉은 사람이 한국인이었던 경험이

있다. 다만 첫 시도의 경우, 어느 정도 파악이 되기 전까지는 좀처럼 쉽지 않은 것이 현지 공연 티켓팅이기도 하다. 시스템도 다를 뿐더러, 타국인이기에 제한되는 사항들도 많기 때문이다.

우선 일본은 추첨제 형식을 취하고 있다. 이러한 방식이 생겨난 배경에는 일본 음악 산업만의 독특한 철학이 깔려 있다. 무엇보다 진정한 팬들에게 기회를 주려는 의도가 강하다. 팬클럽이나 기타 제휴 시스템에 유료 가입이 되어 있는 이들, 새 앨범이나 싱글을 구매한 이들에게 우선 응모기회가 부여되는 식이다. 일부 수량은 맨 마지막에 선행이라는 선착순 방식으로 진행하기도 하나, 좋은 자리를 구하기는 상대적으로 어렵다고 보면 된다. 이는 평소 공연에 관심조차 없던 이들이 화제성만으로 티켓을 선점하는 것을 방지하려는 목적도 있다고 보인다. 또한 선착순이 아니니 디지털 약자에게도 공평하게 기회가 간다는 장점도 있다.

또 하나 주의해야 할 점이, 인기가 많은 아티스트일수록 예매를 이르게 진행한다는 것이다. 요네즈 켄시(米津 玄師)의 경우, 2026년 11월부터 진행되는 라이브 투어의 1차 응모를 2025년 6월에 개시한 바 있다. 무려 1년 반 전에 미리 티켓을 구매하게 되는 것. 때문에 어떤 아티스트가 보고 싶다면, 홈페이지 등을 통해 스케줄을 상시 체크해야 하는 수고가 뒤따른다. 명심해야 할 것은, 공식적인 리셀 기간을 제외하고는 환불이 불가능하다는 사실이다. 이 지점이 아마 우리나라 사람들에게 있어 가장 납득하기 어려운 부분이 아닐까 싶다. 누군가 갖지 못한 간절한 기회를 대신 얻은 만큼 '티켓 구매와 공연 관람에 대한 책임감'을 가지라는 것, 동시에 리셀을 막겠다는 의지. 크게 보아 이렇게 두 가지 의미가 담겨 있다고 보면 되겠다.

최근 외국인으로서 곤란해진 것이 이른바 스마치케, 즉 전자티켓의 확산이다. 특히 네임드 뮤지션일수록 전자티켓을 선호하는 경향이 강해지고 있는데, 암표를 근절하자는 것이 주된 목표이며 생각보다 높아지는 해외 관객의 비중을 억제하겠다는 의도도 읽힌다. 전자티켓을 전송 받기 위해선 일본 휴대폰 번호가 필요하기 때문에, 이 지점에서 포기하는 이들도 속출하는 것이 사실이다. 다행히 최근에는 해외 팬들을 위해 별도로 외국인 전용 응모/구매 페이지를 개설해주는 경우도 늘어나고 있다. 이 루트로 구입 시 현지인처럼 좋은 자리를 배정받기 어렵다는 의견도 있으나, 편의성을 생각하면 이쪽을 활용하는 게 마음이 편할 것이다.

초심자에겐 다양한 아티스트를 만나볼 수 있는 현지 로컬 록 페스티벌을 적극 추천하고 싶다. 하나 꼽자면 〈Viva la Rock〉이 적격일 듯 싶다. 비교적 선선한 5월에 개최되며, 사이타마 슈퍼 아레나에서 열리는 만큼 쾌적한 실내 환경에서 공연을 즐길 수 있다. 좌석도 많아 언제든 앉아서 쉴 수 있다는 것도 장점. 무엇보다 전용 어플리케이션에서 외국인 전용 판매 페이지를 제공, 신용카드로 손쉽게 구입이 가능하다. 일본어가 어느 정도 가능하다면 군이 기다리지 않고 시간에 맞춰 굿즈를 구매할 수 있는 정리번호도 받을 수 있으니, 여러모로 최적의 선택이라고 할 수 있겠다. 다만 관객들의 열량은 좀 낮은 편이니 참고하길 바란다. 더불어 2026년은 해당 공연장 보수로 인해 한시적 야외공연으로 대체 예정이라고.

최근 매크로를 대동한 되팔이들의 횡포로 인해 한국에서도 추첨제 도입을 원하는 목소리가 높아지고 있다. 물론 일본의 방식이 암표를 100% 차단해주지는 못 하지만, 그래도 티켓팅 개시 10초만에 웃돈을 얹은 티켓이 중고 거래 사이트에 업로드되는 것보다는 낫지 않을까 싶다. 철저히 '복불복'이라는 점에서 불편함을 느끼는 이들도 있겠지만, 경험해 본 이들은 이 방식이 꽤 합리적이라는 의견을 내비친다. 결국 진정한 팬들에게 기회가 돌아갈 확률이 높아진다는 것, 그리고 정가에 티켓을 구매할 수 있다는 것만으로도 충분히 의미가 있다고 생각한다.

시스템이 다른 만큼 첫 일본 공연 참전엔 어려움이 따를 수밖에 없다. 언어의 장벽도 무시할 수 없을 뿐더러 항공료 등 기타 부대비용도 늘어난다는 점 또한 고려해야 할 것이다. 그러한 번거로움을 감수하고서라도 얻게 되는 경험의 가치는 분명하다. 아티스트가 준비한 모든 것을 온전히 마주할 수 있는 현지 공연장에서의 순간들, 그 과정에서 만나게 되는 같은 마음을 가진 이들과의 교감까지. 일본 음악에 대한 관심이 높아지고 있는 지금, 앞으로도 더 많은 이들이 이러한 경험을 통해 음악이 주는 진정한 즐거움을 발견해 나가길 바란다. 내한공연의 증가로 그 갈증이 어느 정도 해소되고 있다 해도, 여전히 현지에서만 느낄 수 있는 특별함은 남아있을 테니까.

PART 2

·

변화하는
일본 음악의 지형도

밴드 애니메이션 열풍
- 〈케이온!〉으로부터 시작된 나비효과

혹시 '온 세상이 봇치다'라는 프레이즈를 들어본 적이 있는지 모르겠다. 바로 애니메이션 〈봇치 더 록!〉의 인기로부터 파생된 밈에 꼭 따라붙는 말이다. 심각한 수준의 대인기피증을 가진 주인공 고토 히토리가 밴드를 통해 성장해 나가는 이 작품은, 2022년 10월 시작된 애니메이션 방영과 함께 폭발적인 반응을 얻었다. 어찌 보면 이후에 본격화될, 그리고 현재진행형인 밴드 애니메이션 열풍이라는 도화선에 불을 붙인 셈이다.

언뜻 보면 전형적인 성장 드라마처럼 보이지만, 개성이 뚜렷한 네 명의 캐릭터를 기반으로 특유의 소소한 개그 신과 완성도를 한 차원 끌어올린 라이브 신 연출을 통해 차별화를 꾀했다. 일본에서는 기세에 힘입어 키타 이쿠요의 목소리를 맡은 하세가와 이쿠미(長谷川 育美)를 중심으로 단독 공연 및 록 페스티벌 중심의 라이브 활동을 지금까지도 이어나가고 있을 정도다. 우리나라 역시 종영이 꽤 된 시점에 극장판이 개봉했음에도 많은 관객이 몰리고, 2025년 12월에는 염원하던 내한공연까지 개최되는 등 바다 건너에서도 그 인기가 명확히 체감되고 있다.

이 작품이 거대한 흐름의 시작점이 된 이유는, 아무래도 음악과의 연결고리를 강하게 가져갔기 때문일 것이다. 무엇보다 일본 인디 록 업계의 모습이 꽤나 자세하게 반영되어 있다는 점에 주목할 만하다. 일단 작중에 등장하는 아지트 스태리(STARRY)부터가 시모키타자와에 실존하는 라이브하우스 쉘터(SHELTER)를 모티브로 하고 있으며, 외관 뿐 아니라 실제 대관 시스템이나 운영 형태도 비교적 자세히 묘사되어 있다.

삽입된 음악은 소위 말해 이 지역을 기반으로 성장한 '시모키타자와계', 혹은 특정 출판사에서 선호한다고 해 이름이 붙여진 '록킹온계'의 흐름을 따르고 있다. 사운드 측면에서 뚜렷한 공통점이 존재하지는 않지만, 비교적 얼터너티브 사운드를 중심으로 내면의 감성을 시 세계로 그려내는 팀들이 이에 속한다고 할 수 있겠다. 켓소쿠밴드(結束バンド) 캐릭터들의 성이 이 경향을 대표하는 팀 중 하나인 아시안 쿵푸 제너레이션(ASIAN KUNG-FU GENERATION) 멤버들의 것으로부터 왔다는 점에서 그 영향은 더욱 명확해진다. 여기에 3D 모델링을 기반으로 한 작화와 실제 이펙터들까지 놓치지 않은 디테일함을 겸비한 라이브 신은 이 애니메이션이 '밴드물'임을 재차 공언하고 있다. 이와 같은 접근 방식으로 일궈낸 성공이, 실제 일본 록/라이브 문화와 애니메이션 간의 연결고리 역할을 하며 본격적인 연합 미디어 믹스 시장의 문을 열어젖히게 된 셈이다.

돌아보면, 지금의 상황은 〈케이온!〉에서 비롯된 나비효과 덕분이 아닌가 하는 생각을 하게 된다. 물론 이전에도 벡이나 나나, 노다메 칸타빌레와 같은 음악 소재의 작품들이 존재했으나, 그야말로 '장르물'에 가까운 만듦새를 추구하고 있었다. 이와 달리 밴드라는 소재를 비교적 가볍게 그려낸 〈케이온!〉은, 전파를 탔던 2009년부터 2~3년여간 대중문화의 아이콘으로 자리하며 '밴드가 가미된 일상물'로서의 경향을 정의하기에 이르렀다.

중심이 되었던 것은 역시 캐릭터 위주의 전개였다. 뚜렷한 차별점을 가진 각 인물들의 캐릭터, 이에서 비롯된 관계성은 감정선을 풍부하게 만들었고, 그에 힘입어 호카고티타임(放課後ティータイム) 명의로 발매된 주제곡과 OST가 애니메이션 삽입곡으로서는 유례없는 판매량을 기록하기도 했다. 특히 2기 오프닝이었던 'GO! GO! MANIAC'(2010)은 캐릭터 명으로서는 오리콘 싱글 차트 역사상 최초로 1위에 오르며 붐을 부추겼다. 인플루언서 김계란이 QWER을 기획할 당시 레퍼런스로 〈케이온!〉을 언급했다는 점에서, 지금까지도 적지 않은 영향력을 행사하고 있음을 확인할 수 있다. 그 잔열 덕분이지 2025년 3월 극장판이 12년만에 국내에 재개봉해, 한 때는 '누나'였던 이들을 훌쩍 커버린 어른으로서 재회하는 멋쩍은 광경이 펼쳐지기도 했다.

사실 〈봇치 더 록!〉 등장 이전에 〈케이온!〉의 흐름을 이어 받은 것은 바로 〈BanG_Dream!〉이었다. 이 프로젝트의 특이한 점은 애초에 엔터테인먼트 전반을 아우르는 방향으로 기획되었다는 사실이다. 2014년에 스타트 해 현재 열 팀이 넘는 밴드가 게임과 애니메이션, 라디오와

라이브 등의 다양한 활동을 전개 중에 있다는 점만 봐도 거대한 프로젝트에 가깝다는 사실을 알 수 있을 것이다. 기존 아이돌 미디어 믹스에 피로감을 느낀 이들의 유입이 결정적이었으며, 모바일 리듬게임 〈Girls Band Party!〉는 2018년에 221억 엔의 매출을 달성하는가 하면 2024년에는 회사 내 라이브 엔터테인먼트 부문이 연간 및 분기 매출 신기록을 세우는 등 제작사 부시로드의 입가에 미소를 띄우게 하는 콘텐츠로 자리잡고 있다.

2024년 방영되어 화제가 되었던 〈걸즈 밴드 크라이〉도 빼놓을 수 없다. 이 쪽은 〈러브 라이브〉 시리즈를 맡았던 히라야마 타다시(平山理志)가 토에이 애니메이션으로 이적해 내놓는 신작이라는 점에서 많은 관심을 모았는데, 개인적으로도 명확한 차별점으로 상투성을 타파하려는 의도가 느껴져 굉장히 흥미롭게 봤던 기억이 있다.

우선적으로 풀 3D라는 점이 가장 먼저 눈에 들어 올 법하다. 더불어 라이브 연계를 전제로 실제 공연이 가능한 뮤지션 대상의 오디션을 통해 성우를 기용했다는 점 역시 특징이다. 여기에 음반, 피규어, 방영권 등 영역별로 여러 기업이 돈을 모아 공동 투자하는 이른바 '제작위원회' 시스템을 벗어나, 타 집단의 간섭을 최소화 하고자 토에이 애니메이션 단독 스폰서 체제를 택했다는 점 역시 많은 이목을 끌었다. 정석적인 루트와는 다른 보법을 취하는 만큼 일본 내부에서도 실패 확률이 높다고 점쳤으나, 결과적으로는 대성공을 거두며 큰 반응을 얻고 있는 중이다.

이처럼 밴드물이 늘어나면서, 그 안에 담고 있는 스토리의 성향도 변화하는 양상을 보이고 있다. 이전에는 일상물에 가까운 밝고 명랑한 분위기의 작품이 대다수였다면, 최근엔 현실적인 부분을 부각시키며 멤버간의 갈등과 해소를 중심으로 이끌어가는 경향이 강해졌다.

그 예시로 〈BanG_Dream!〉의 최근 시리즈를 언급할 만하다. 〈BanG Dream! It's MyGO!!!!!〉와 〈BanG Dream! Ave Mujica〉는 각자 상처를 가진 인물들이 부딪히며 생겨나는 갈등을 부각시키며 밴드 지속이 왜 어려운지를 사실적으로 그려내고 있다. 여기에 〈걸스 밴드 크라이〉 역시 각자의 가치관이 부딪히며 악순환되는 관계성을 반복해 보여주고 있다. "기가 빨려서 못 보겠다", "주인공의 막무가내가 도저히 이해가 안 되어 초반에 포기했다", "도파민은 팡팡 터지는데 너무 매운 맛이다"와 같은 반응만 봐도, 마냥 하하호호 즐기는 내용은 아님을 알 수 있을 것이다.

애니메이션은 전체 기획의 일부분이라는 것을 보여주듯, 대부분의 팀이 성우진을 중심으로 실제 라이브를 진행 중이다. 이처럼 애니메이션에 대한 관심이 실제 대중음악 신 유입의 계기로 작용한다는 점은 산업적인 측면에서도 굉장히 유의미한 결과다. 공연의 퀄리티 역시 지속 발전 중이다. 이전에는 연습을 통한 '재현' 자체에 의미를 두고 있었다면, 지금은 화면 이상의 실사를 제공하는 수준에 이르렀다고 할 수 있겠다.

이와 같이 어느덧 밴드 애니메이션 붐은 점차 현실과의 연결고리를 강화해 나가며 기성 아티스트를 위협할 수 있는 수준에 가까워지고 있다. 이러한 흐름이라면 토게나시토게아리와 미세스 그린 애플(Mrs. GREEN APPLE)이 같은 프로그램에서 맞붙거나 협연하는 모습 또한 결코 먼 미래의 일은 아니지 싶다.

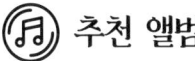 **추천 앨범**

🔊 **켓소쿠밴드**(結束バンド) 〈結束バンド(결속밴드)〉(2022)

소싯적에 록킹온계 좀 들어본 이들에게는 친숙하면서도 취향저격인 그런 작품으로 자리할 공산이 크다. 〈봇치 더 록!〉 극중 밴드인 결속밴드의 첫 번째 정규작으로, 애니메이션에 사용된 곡들을 총망라한 작품이다. 시원시원한 전개의 기타 록을 중심으로, 고토 히토리 역의 아오야마 요시노(青山 吉能)가 부른 아시안 쿵푸 제너레이션의 '転がる岩、君に朝が降る'(구르는 바위, 네게 아침이 내린다)의 커버 버전을 포함해 키타 이쿠요 외의 멤버들이 엔딩테마로 부른 곡들도 함께 수록. 발매 당시 오리콘 주간 앨범 랭킹과 빌보드 재팬 HOT ALBUM 차트에서 1위를 기록하는 등 큰 성공을 거두기도 했다.

🔊 **토게나시토게아리**(トゲナシトゲアリ) 〈棘ナシ(토게나시)〉(2024)

애니메이션을 본 이들이라면 그 장면들이 생생하게 떠오를 법한, 오프닝과 엔딩 테마곡 및 삽입곡들을 중심으로 꾸며진 〈걸즈 밴드 크라이〉의 주인공 토게나시토게아리의 두 번째 정규작이다. 살벌한 키보드 연주를 필두로 스피디한 질주를 보여주는 '雑踏、僕らの街(혼잡한 길, 우리의 도시)', 이세리 니나와 카와라기 모모카의 연결고리로서 큰 비중을 차지하고 있는 '空の箱(빈 상자)', 일렉트로니카 댄스 튠을 표방하는 베니쇼가의 음악성을 엿볼 수 있는 '心象的フラクタル(심상적 프랙털)'까지. 애니메이션 속 다양한 스타일의 곡늘을 종망라하고 있는, 다채로운 매력이 가득한 작품으로 자리하고 있다.

◀)) 아베 무지카(Ave Mujica) 〈Completeness〉(2025)

개인적으로 2025년 접한 모든 음반을 통틀어 가장 많이 재생한 작품 중 하나이기도 하다. 그만큼 애니메이션과 떨어뜨려 놓고 보더라도, 고딕 메탈의 묵직하고 어두운 정서와 팝의 대중적 접근성을 절묘하게 조화시킨 밸런스를 통해 충분한 음악적 설득력을 갖추고 있다. 스피디하고 역동적인 전개의 리드 트랙 'KiLLKiSS', 서정성과 비장미를 록과 오케스트레이션을 통해 융화시킨 'Georgette Me, Georgette You' 등 더 이상 '애니메이션 파생'이라는 것이 저평가의 이유가 될 수 없음을 재차 선언하고 있는 작품.

시티팝 리바이벌의 도래
- 서치모스의 'Stay Tune'이 바꾸어 놓은 대중문화의 풍경

일본 음악을 오래 접하면서도, 그 흐름이 좀처럼 내수 지향의 성격을 벗어나지 못한다고 느끼던 그 때, 이들의 등장으로 모든 것이 변했다. 현실화 되긴 힘들 것이라 생각했던, 그야말로 거대한 격동이 현실화 되는 순간이었다. 우타다 히카루(宇多田 ヒカル) 이후 다시금 비주류의 길로 들어섰던 블랙뮤직은 단숨에 젊은 세대의 주 소비문화로 부상했고, 2010년대 초반부터 페스티벌 신의 부흥기를 이끌었던 카나-분(KANA-BOON)과 같은 '댄서블 록'의 영향력은 점차 사그러들었다. 이와 함께 팀의 독자적 스타일리시함은 음악을 넘어 문화 전반적인 관점에서 새로운 방향성을 제안했다는 점 또한 빼놓을 수 없다. 바로 서치모스(Suchmos)와 'Stay Tune'이 바꾸어 놓은 새시대의 풍경이다.

루이 암스트롱의 애칭 사치모스(Sachmos)에서 이름을 따온 이 6인조 밴드는 일찌감치 여러 트렌드 세터와 평론가로부터 주목받기 시작했다. 흑인음악과 밴드뮤직의 융합을 통해 기존 대중음악의 흐름과 대립

각을 세웠던 것이 주효했다. 당시 유행과는 명확히 선을 긋는 느슨한 그루브, 알앤비 싱어에 가까운 보컬 욘스(YONCE)의 멜로우한 음색 등 기존 제이록의 공식을 완전히 무시한 〈THE BAY〉(2015)는 음악 마니아들 사이에서 그해 필청음반으로 반드시 거론되었다.

그런 상황에서 기름을 부은 것이 바로 'Stay Tune'(2016). 펑크(Funk)와 록, 알앤비와 시티팝을 한데 섞고 흔들어 근사한 결과물을 도출해낸 이 곡은 그야말로 판 전체를 뒤집어 놓았다. 원래 J-WAVE 라디오 프로그램의 짧은 징글로 만들어진 30초짜리 스케치를 확장한 결과물로, 인위적인 감정 표현에서 벗어나 있는 그대로의 내츄럴함을 지향했다. 디스토션의 볼륨보다는 기분 좋은 리듬감을 중시한 기타, 무조건 질주하는 것이 아니라 자신만의 멋을 흐트러뜨림 없이 즐길 수 있는 그루비한 베이스와 드럼, 적재적소에 스며들어 있는 샘플링 등. 도쿄 시부야 속 취객들에 대한 혐오감을 모티브로 한 반항적이고도 비판적인 메시지가 새로운 것을 찾던 이들의 시선을 단숨에 사로잡은 셈이다.

당시 일본 음악계는 어떤 상황이었을까. 앞서 언급한 카나-분을 필두로, 야바이티셔츠야상(ヤバイTシャツ屋さん), 큐소네코카미(キュウソネコカミ), 키토크(KEYTALK), 굿모닝아메리카(グッドモーニングアメリカ), 프레데릭(フレデリック) 등 디스코 리듬을 기반으로 한 고속 8비트로 모두를 춤추게 하는 그야말로 '나츠페스(夏フェス : 여름(나츠) 페스티벌의 준말)용' 밴드들이 득세하던 시기였다. 이 흐름은 페스티벌이 보편적인 레저 활동으로 정착하는 데 크게 일조했지만, 2010년대 중반 이후로 비슷한 팀들이 양산되는 탓에 조금씩 그 힘을 잃어가던 추세였다. 다른 한 축에서는 세카이 노 오와리나 백 넘비(back number),

[알렉산드로스]([Alexandros])처럼 JPOP의 골격은 남겨둔 채 자신만의 스타일로 승부하던 이들도 큰 인기를 얻고 있었다. 다만 로컬 뮤직으로서의 성격이 짙다는 점에서 '일본'이라는 국경의 색채를 완전히 넘어서지는 못하는 인상이었다.

그 속에서 서치모스는 시티팝과 애시드 재즈라는 완전히 시대착오적인 선택으로 대성공을 거두었다. 그가 2018년 〈홍백가합전〉에 출연해 "더럽고 지저분한 라이브하우스에서 왔습니다(臭くて汚ねぇライブハウスから来ました)'라고 말한 것은, 그만큼 메이저 신의 격식과 권위에 맞서 자신들의 신념을 관철하겠다는 우회적 표현이었을 것이다. 후지 록 페스티벌 메인 스테이지 출연, 요코하마 아레나 단독 공연, 〈홍백가합전〉 출전 등. 'Stay Tune'이 수록된 앨범 〈THE KIDS〉(2017)는 그들이 예상치 못했던 많은 것들을 손에 움켜쥐게 했으며, 흑인음악이 더 이상 숨어있을 필요가 없다는 사실 또한 공식화했다. 굉음에 가까운 기타 소리에 몸을 부딪히기보다, 고개를 끄덕이며 적당히 리듬을 타는 것이 멋이고 즐거움이라 느끼는 신경향의 록 팬들이 수면 위로 고개를 내민 것이다.

이들의 등장과 함께 떠오르던 용어가 있다. 바로 '시티 팝 리바이벌'. 퓨전 재즈와, AOR, 애시드 재즈 등이 뿌리가 되었다는 점, 더불어 네온사인 가득한 도시의 풍경을 떠오르게 만든다는 점에서 이들은 시티 팝의 공식적인 후계자로 낙점되는 듯했다. 비슷한 시기에 네버 영 비치(never young beach), 요기 뉴 웨이브스(Yogee New Waves)가 이 붐에 가세했던 것도 컸다. 물론 본인들은 특정 카테고리로 분류되는 것을 거부했지만, 이 트로이카의 인기는 드물게도 JPOP이 글로벌 음악 트렌드와 연동되는 풍경을 만들기도 했다.

패션과 라이프스타일, 가치관 등에 있어 젊은 세대의 문화를 재정의 했던 1990년대 시부야계 이후, 다시금 이 요소들을 묶어 놓은 존재라는 점 역시 언급할 만하다. 보컬리스트 욘스의 스타일링을 비롯한 멤버들의 모습이 여러 패션/트렌드 잡지에서 자주 다뤄졌으며, 그것이 'Suchmos 스타일'로 일컬어지기도 했다. 동시에 빠르게 소비되는 라이프스타일과 반대되는, 천천히 즐기며 자신만의 감도를 지키는 삶을 노래하고자 했고, 그와 함께 '차 안에서 음악 듣기', '라이브하우스에서 친구들과 맥주 마시기', '스케이트 보드와 스트리트 문화'와 같은 일상적인 장면들이 대중에게 이상적인 청춘의 이미지로 내재화되기도 했다. 더불어 대형 기획사나 전통적인 미디어 시스템에 기대지 않고, 스스로 하고 싶은 것을 해 나가는 공동체적 감각, 로컬 중심의 활동 방식은 수많은 후배 아티스트들의 롤모델로 자리하게 되는 요인이 되기도 했다.

밴드가 활동을 중단한 2021년 이후에도, '포스트 서치모스'는 끊임없이 등장했다. 역동적이면서도 실험적 면모가 돋보이는 크로이(Kroi)와 트렌디함으로 무장한 다채로움이 인상적인 오츄니즘(Ochunism), 유연한 음악을 구사하는 칠즈팟(chilldspot), 아레나 뮤직과 같은 큰 스케일의 빌리롬(Billyrrom), 시티팝 특유의 애수를 강조한 리콘덴세츠(離婚伝説)까지. 서치모스라는 유산이 없었다면 태어나지 않았을 수도 있는 존재들이다. 그만큼 팀은 밴드 신을 '크로스 오버 천국'으로 만든 선구자이며, JPOP이 '갈라파고스'라는 오명을 벗어나게끔 한 존재들이었다.

그리고 2025년 6월, 이들은 요코하마 아레나에서의 라이브를 통해 다시금 기지개를 켰다. 비록 베이스를 맡았던 스(HSU)는 세상을 떠나고 없지만, 그럼에도 그들은 새로운 챕터를 알리는 EP〈Sunburst〉(2025)를 통해 지속적인 개화를 약속했다. 재즈의 양식을 흡수한 즉흥적인 느낌의 퍼포먼스, 이제껏 보여준 적 없는 일상에 밀착한 목가적 무드는 '증명'의 압박에서 벗어난 자유로움을 자신감 있게 내비치고 있다. 이들이 재차 일으킬 '문화혁명'은 어떤 모습일지, 앞으로의 행보가 자뭇 흥미로워진다.

추천 앨범

🔊 서치모스(Suchmos) 〈The Bay〉(2015)

스티비 원더(Stevie Wonder)의 'Superstition'을 연상케 하는 신시사이저가 훗날의 광풍을 예고했는지도 모른다. 열도의 음악 마니아들은 장르를 넘어 일본 음악 신의 정석을 거부한 리드곡 'YMM'에 즉각적인 반응을 보였다. 바다 건너 있는 나조차 반 강제로 그들의 이름을 못에 박히도록 들었을 정도. 네오 소울과 얼터너티브 록, 힙합을 자유롭게 넘나드는 이들의 사운드가 첫 등장부터 이미 완성형에 이르고 있었음을 이 작품을 통해 확인 가능하다.

욘스의 감각적이면서 절제된 알앤비풍 보컬, 스와 오케이(OK)가 빚어내는 견고한 리듬 섹션, 타이킹(TAIKING)의 빈티지한 기타 톤과 타이헤이(TAIHEI)의 멜로우한 키보드 연주, 여기에 카이키 오하라(Kaiki Ohara)가 적재적소에 쏘아 올리는 턴테이블까지. 현대 일본 팝 음악의 새로운 가능성을 제시하며, 장르적 경계를 허무는 신세대 소울의 성의를 내린 중요한 이정표로 평가받는다. 앨범 타이틀 그대로 '만(BAY)'을 자처하며 서로 다른 음악적 흐름이 만나고 섞이는 경계 공간이 바로 서치모스임을 증명하고 있는 앨범이다.

🔊 서치모스(Suchmos) 〈The Kids〉(2017)

앞서 많이 언급했기에 짧게만 쓴다면, 2010년대를 통틀어 대중성과 파급력을 종합해 딱 한 장만 꼽는다면 이 작품을 꼽을 것이고, 이 작품이어야 하며, 이 작품일 수밖에 없다. 시티팝 리바이벌을 트렌드로 정착시킴과 동시에 본인들을 록스타로 부상시킨 무적의 앨범. 여전히 시티팝과 블랙뮤직의 사이를 지향하면서도, 전보다 뚜렷한 선율 및 록적인 테이스트를 가미해 접근성을 대폭 높인 점도 한 몫 했다.

펑크와 록, 알앤비와 시티팝을 한데 섞고 흔들어 근사한 결과물을 도출해 낸 'stay tune'은 이들의 감각이 절정에 달해있음을 알려주는 파티튠. '기타를 든 소년소녀'의 열정이나 패기와는 달리, 여유를 동반한 도회적인 느낌은 당시 열도의 신에서 좀처럼 느낄 수 없는 새로움이었다. 과거의 유산을 새롭게 해석함으로써 JPOP의 미래를 제시한, 곧 클래식 반열에 올라설 명반.

일본 힙합의 약진
- 무엇이 일본의 래퍼들을
메인스트림으로 인도했는가

2024년 2월, 일본 힙합 신에 새겨질 기념비적인 사건이 있었다. 바로 크루 배드 홉(BAD HOP)이 해당 장르의 단일 아티스트로서는 최초로 도쿄 돔 단독 라이브를 개최한 것. 이들은 2014년 티-파블로(T-Pablow)와 와이저(YZERR)를 중심으로 결성되어, 고향인 가와사키에서의 와일드한 일상을 트랩이나 시카고 드릴과 같은 트렌디한 사운드로 그려내며 빠르게 그 세력을 키워갔다. 2020년대에 돌입해 힙합을 '젊은 세대의 음악'으로 자리 잡게 하는 데 있어 일등 공신이라고 할 수 있는 그들은, 이르게도 자기 소임을 다했다는 듯 아직 기세가 굳건한 상황에서 5만 명의 관객을 두고 장렬히 마침표를 찍었다. 마치 만화 〈원피스〉 속 골.D.로저의 마지막 순간을 연상시키는, 춘추전국시대의 도래를 선언하는 마무리이기도 했다.

이 장면을 보며, 일본 음악을 오랜 기간 들어온 나로서는 그 감회가 새로웠다. 오랜 기간 의아했던 점 중에 하나라면, 앞서 이야기했듯 다

양성이 장점인 그 곳에서도 유독 힙합을 포함한 블랙뮤직이 힘을 쓰지 못하더라는 사실이었다. 물론 아예 언급할 만한 아티스트가 아예 없는 것은 아니다. 1990년대에 본격적으로 일본어 랩을 확립해 나간 스챠다라파(スチャダラパー)나 라임스터(RHYMESTER), 킹기드라(キングギドラ)와 같은 팀들은 그야말로 선구자적인 이들이라 할 만하다. 특히 시부야 계를 정의한 플리퍼즈 기타(フリッパーズ·ギター)의 멤버 오자와 켄지(小沢 健二)와 스챠다라파의 '今夜はブギー·バック(오늘밤은 Boogie back)'(1994)은 해당 장르로서는 흔치 않게 메인스트림에 그 존재감을 드러낸 곡이기도 했다.

그럼에도 이 카테고리는 좀처럼 마니악한 성격을 벗어나지 못했다. 2000년대 립 슬라임(RIP SLYME)의 등장과 '楽園ベイベー(낙원 베이베)'(2002)의 히트, 한때 한국의 싸이월드를 점령했던 엠플로의 활약과 솔로 아티스트로 상업적 성공을 거둔 킥 더 캔 크루(KICK THE CAN CREW) 출신의 크레바(KREVA) 등 나름의 활약상이 없었던 것도 아니건만 당시 록이나 아이돌 뮤직의 광풍에 비하면 그 영향은 그야말로 미미했다. 드렁큰 타이거와 다이나믹 듀오, 에픽 하이와 리쌍 등 한 세대를 풍미한 이들이 대거 등장했던 한국과는 명확히 대비되는 풍경이었다. 한편으로는 드래곤 애쉬(Dragon Ash), 오렌지 렌지(ORANGE RANGE), 케츠메이시(ケツメイシ) 등이 랩을 앞세워 인기를 끌었으나, 록 혹은 팝과의 믹스쳐에 가까운 스타일이었던 탓에 이것을 '힙합의 성취'라고 하기엔 다소 적합하지 않은 측면이 있었다.

독특한 플로우를 통해 일본어 랩의 새로운 경지를 개척한 치바 유우키(千葉 雄喜, 2021년까지의 아티스트명은 KOHH), 시대를 아우르는 사조를 활용해 자신만의 서사가 흘러넘치는 트랙 등을 자유자재로 구사한 펀피(PUNPEE) 등을 중심으로 심상치 않은 기색을 보이던 것이 2010년대 중반. 그 흐름이 빠르게 퍼져 지금은 영미권의 트렌드를 자양분으로 자신만의 스타일을 구축한 래퍼들이 10대 리스너들의 취향을 겨누는 격전지가 되었다고 해도 과언은 아닐 것이다. 그야말로 격세지감이다. 신구 래퍼 가릴 것 없이 스트리밍 차트의 상위권을 활발히 배턴터치 중이며, 단독 공연의 평균적인 수용인원이 늘어나는가 하면 〈POP YOURS〉나 〈THE HOPE〉, 〈Go-AheadZ〉와 같은 래퍼 중심의 페스티벌도 성황리에 개최되고 있다.

일본 힙합의 부상에는 몇 가지 요인을 살펴볼 수 있는데, 우선 SNS의 보급과 스트리밍의 활성화에 힘입어 작품 발표 및 유통이 용이해졌다는 점을 들 수 있다. 여기에 디지털 네이티브 세대 역시 여러 음악 구독 플랫폼을 통해 저렴한 비용으로 각자의 영향력을 표출할 수 있게 되었다는 점 역시 주목할 만하다. 한 장에 3,000엔을 호가하는 과거 피지컬 시장에서 수입이 없는 10대들이 그 존재감을 드러내기는 쉽지 않았을 터. 이러한 배경을 중심으로 이전과는 비교도 안 되게 활발해진 생산자와 소비자간의 커뮤니케이션 환경은 지금 우리가 목격하고 있는 힙합 붐의 반석으로서 자리한다.

여기에 서바이벌 프로그램인 〈고교생 랩 선수권(高校生RAP選手權)〉의 영향이 컸다. 프리스타일 기반의 1:1 MC 배틀을 콘셉트로 한 이 방송은 많은 이들의 관심을 불러 모으며 힙합의 대중화에 지대한 영향을 미쳤다. 그 뜨거운 화제성에 미디어 역시 그 장면들을 퍼다 나르기에 바빴고, 랩으로도 성공할 수 있다는 청사진을 현실화하며 수많은 추종자를 낳았다. 해당 대회 출신인 티 파블로는 예전 한 인터뷰에서 "현재 일본 힙합의 기세는 '고교생 랩 선수권'에서 불이 붙었다고 일컬어지고 있다"라고 언급했으며, 애플뮤직 역시 "프리스타일 MC 배틀의 대유행이 일본 힙합이 큰 존재감을 발휘하게 된 주요 요인"이라 언급한 바 있다.

더불어 크루 문화도 빼놓을 수 없다. 지금과 같은 단단한 성벽을 구축하는 데 있어 집단의 힘이 큰 역할을 했다. 앞서 언급한 배드 홉과 더불어 캰디타운(KANDYTOWN)이나 엔타운(YENTOWN), 우메다사이퍼(梅田サイファー)등과 같은 팀들이 각기 다른 개성과 퍼포먼스를 통해 자신들만의 영역을 확보했다. 2000년대 국내 힙합에 빠져 있었던 이들이라면, 무브먼트와 소울컴퍼니, 지기 펠라즈나 마스터플랜 등이 활약했던 그 시기의 그림에 대입해 보는 것이 이해가 빠를 것이다. 다만 아쉽게도 2024년 말에 캰디타운이, 2025년 초에 배드 홉이 차례로 해산을 선언했으며, 집단에서 개인 중심으로 무게중심이 옮겨가며 일본 힙합은 새 국면을 맞이하는 중이다.

사실 힙합은 한국의 대중들에게 있어 오히려 '일본 음악'이라는 편견에서 자유로운 장르이기도 하며, 그 덕분인지 이미 활발히 양국 간의 협업이 이루어지고 있는 모습이다. 키스 에이프의 'It G Ma'에서 강한 존재감을 드러냈던 치바 유우키를 필두로, 현재 일본 힙합의 주축 인물 중 하나인 제이피 더 웨이비(JP THE WAVY)의 앨범엔 박재범과 식케이가 이름을 올렸고, 한일 혼혈로 양국에서 자유로운 활동을 선보이고 있는 챤미나(ちゃんみな)는 애쉬 아일랜드와 부부의 연을 맺기 전 이미 'Don't go'를 함께 작업하기도 했다. 그런가 하면 엘이맥

(LEmag)과 디에프(df)와 같은 커뮤니티는 직접 운영 중인 유튜브 채널에 에이위치(Awich)나 오즈월드(OZWORLD)의 퍼포먼스를 담은 영상을 제작해 좋은 반응을 얻기도 했다.

일본의 힙합은 지금도 쉼 없이 약진 중이다. 젊은 세대가 소구하는 무드를 명확히 제시하는 옐로우 벅스(¥ellow Bucks), 10대 특유의 불안정한 정서를 강한 어프로치로 전달하는 렉스(LEX), 비비드한 색감의 팝/랩 뮤직을 무기로 부도칸 공연을 성공리에 완수한 라나(LANA)까지. 동시에 셀프 메이드(SELF MADE), 스타키즈(STARKIDS)와 같은 새로운 크루도 가세하는 등 다양한 방향성을 가진 풍운아들이 격전지로 속속 모여들고 있는 상태다.

이와 같은 일본 힙합의 상승세와 화력은 한국에도 직접적인 영향을 미칠 것임이 분명하다. 영미권의 최신 트렌드에 공통으로 영향을 받고 있다는 점에서, 아티스트나 대중들은 자신도 알지 못하는 사이에 공통분모를 갖게 될 것이 확실하기 때문이다. 최근 콜라보레이션이 더욱 활발해지는 분위기며, 양국에서 개최되는 이벤트에 있어 서로 간의 러브콜도 점점 늘어나는 추세. 과연 앞으로 일본 힙합의 상승세와 양국의 교류는 어떤 방향으로 전개되어 갈까. 새로이 그려질 지형도가 자못 궁금할 따름이다.

 추천 앨범

◀)) 펀피(PUNPEE) 〈Modern Times〉(2017)
내기 이 신을 바꾸겠다는 것이 아니라, 이미 이 작품이 클래식이 되었음을 가정한 채 시작하는 그 발상의 전환. 찰리 채플린이 출연한 동명의 영화를 딴 이 작품은, 트랙 메이커, MC, 프로듀서, 리믹서 등 차곡차곡 쌓아온 그의 시간과 생각이 파노라마처럼 펼쳐지는 한 편의 '시공 힙합 판타지'로서 자리한다. 시대에 휘둘리지 않는 작품을 염두에 둔 듯, 라임에 가두지 않은 자유로운 랩과 트랙 메이커로서 쌓아온 역량과 경험을 자랑하는 여러 재기 넘치는 샘플링은 이 작품을 '미래의 클래식'이라 자칭하기에 전혀 부족함이 없다. 고정관념의 타파와 시대에 갇혀있기를 거부한 애티튜드, 완벽에 가까운 서사로 완성된, 장르적으로도 콘셉트 앨범의 측면으로도 흠집을 찾기 힘든 명반이다.

🔊 에이위치(Awich) 〈Queendom〉(2022)

스스로를 '퀸'이라 지칭함으로써 마침내 그 자리를 손에 거머쥔, 서사로서나 음악으로서나 압도적인 존재감을 보여준 앨범이다. 이전의 작품들이 그간의 역경과 고난에서 자신을 해방하는 과정이었다면, 이번엔 초반부터 자신의 이상향을 대중들에게 과감히 제시. '이제는 때가 되었음을' 오랜 파트너인 메인 프로듀서 챠키 줄루(Chaki Zulu)와 함께 진일보한 음악으로 선언하고 있다. 이와 함께 '에이위치' 개인에 머무는 것이 아닌 '힙합 신' 전체를 대표하는 존재임을 알리는 진정성 있는 그 애티튜드로 하여금 여운을 남기는 작품이기도.

🔊 배드 홉(BAD HOP) 〈BAD HOP(THE FINAL EDITION)〉(2024)

'일본 최악의 공기'로 대변되는 카와사키의 변두리성을 중심으로 녹록치 않은 유년시절을 보내온 친구들이 처음부터 차곡차곡 쌓아올려 완성한 금자

탑과 같은, 그리고 마지막 불꽃과도 같은 작품. 'Last Party Never End (feat. Tiji Jojo, YZERR, Vingo & Yellow Pato)'는 누적 스트리밍 1억회를 기록함과 동시에 앨범 또한 오랜 시간 동안 높은 순위를 기록하는 등 그들의 뚜렷한 존재감을 선명히 회고할 수 있는 작품으로 완성되어 있다. '삶의 예측불가능함이 최고의 리듬'이라고 언급했던 멤버 빙고(Vingo)의 말처럼, 본인들이 몸담은 지역의 현실을 예술로 승화시키며 자수성가 했던 그 흔적을 뚜렷하게 느낄 수 있는, 한 시대를 풍미한 크루의 모든 것.

🔊)) 치바 유우키(千葉 雄喜) 〈 STAR 〉(2024)

이 앨범을 통해 랩에 있어서만큼은 독보적인 영역을 걷고 있음을 다시금 증명하고 있는 그. 코(KOHH)를 이은 치바 유우키 명의로의 커리어 시작이었던 'チーム友達'이 일본 힙합 신에 큰 파장을 일으킨 직후 바로 이와 같은 흉내가 불가능한 작품을 내놓을 수 있다는 점에서 그의 비범함이 엿보인다. 정박에 대한 강박을 버린 그의 플로우엔 여전히 줄타기를 하듯 아슬아슬한 매력이 서려있다. 비트에 어긋난다는 인상을 줄 정도의 밀고 당김. 그 불안정함이 주는 팽팽한 텐션과 긴박감이 여타 랩 앨범에서는 접해보지 못한 오묘한 카타르시스를 전달해 주는 작품.

일본이라는
갈라파고스를 벗어나다
- 이르게 글로벌화를 꿈꿨던 아티스트들

　지금이야 세계적인 영향력을 키워가는 추세지만, 여태까지의 일본 음악 시장이 '내수 중심'이었다는 것을 부인하기는 어렵다. 우리나라에 음원 시장이 완전히 정착한 2010년대 초중반까지도 일본은 스트리밍은커녕 뮤직비디오조차 좀처럼 공개하지 않는 등 해외로의 빗장을 완전히 걸어 잠그고 있었다. 그렇게 자국민 일방향으로 형성된 일본 음악의 매력은, 역으로 해외에서는 좀처럼 적응하기 힘든 강한 로컬리티로 정착하는 결과를 낳게 된 셈이다. 세계 2위를 자랑하는 거대한 시장임에도 오랜 기간 좀처럼 세계에서 두각을 보이지 못했던 이유, 결국 자업자득으로 귀결된다.

　한국을 비롯해 대만이나 중국, 홍콩을 묶어 아시아 투어를 돈다든가, 나아가서는 미국이나 유럽까지 도는 이들도 종종 눈에 띄는 것은 비교적 최근의 일. 앞서 이야기한 쇄국에 가까운 프로모션 경향으로 인해 코로나19 이전 자국 외에서 공연하는 뮤지션은 손에 꼽았다. 그런 대세의 흐름 속에서도 언제나 이를 거스르는 이들은 있기 마련. 안전한 길을 스스로 거부하는가 하면, 자신도 모르는 사이에 해외로부터 러브콜을 받고 역으로 일본에서 유명해지는 케이스도 드물게 존재했다. 빠르게 파이를 키워 나가는 요즘의 추세 이전에, 2000년대 이후 이르게 글로벌화를 꿈꿨던 이들은 누구였는지 살짝 언급해보고자 한다.

우선은 원 오크 록(ONE OK ROCK)이다. 만약 2006년 메이저 데뷔 후 톱 밴드로서 무난하게 그 위치를 유지하고 있다고 생각한다면, 지금 이들의 소속사가 미국의 레이블인 〈Fueled by Ramen〉이라는 사실에 주목할 필요가 있다. 폴 아웃 보이(Fall Out Boy), 트웬티 원 파일럿츠(Twenty One Pilots), 패닉! 앳 더 디스코(Panic! at the Disco), 파라모어(Paramore) 등 내로라할 영미권 밴드들이 소속되어 있는 곳이다. 팀이 현재 둥지로 옮겨간 것이 2016년이니, 무모하리라 느껴졌던 도전도 어느덧 10년을 넘어선 셈이다. 대히트곡 '完全感覚(완전감각) Dreamer'과 뒤늦게 역주행한 'Wherever you are'이 수록된 〈Niche シンドローム(니체 신드롬)〉(2010)을 시작으로, 이들의 인기를 록 팬에서 일반 대중에까지 전염시킨 〈残響リファレンス(잔향 레퍼런스)〉(2011)와 〈人生×僕=(인생 × 나)=〉(2013)까지. 가만히 있어도 사실상 탄탄대로가 보장되었다고 해도 과언은 아닌 커리어는 이 시점에 이미 성립되었다.

모두가 안정적인 길을 걸어가리라고 예상했을 무렵, 차기작인 〈35xxxv〉(2015)부터 ⌐들의 야망은 본격적으로 발현되기 시작했다.

미국에서 모든 녹음 작업을 진행함과 동시에 영어 버전을 별도로 현지에 선보이는 과감한 시도였다. 음악적으로도 일본의 영향권을 벗어나 영미권 트렌드에 발맞추고자 한 의도가 엿보이는 결과물로 완성되었다. 이듬해 본격적으로 〈Fueled by Ramen〉과 계약을 하고 활동의 거점을 완전히 글로벌화하게 되는데, 여기에는 보컬 타카의 의지가 크게 작용했다.

"일본에서 작품을 만들고 발표한다는 것에 대해 어느 정도 한계에 도달했고, 우리가 할 수 있는 것은 다 해봤다는 느낌이 들었습니다. 그래서 일본만으로 활동하는 것의 의미를 더 이상 찾지 못하게 되었죠."

(타카, Qetic 인터뷰 중)

이후 네 장의 정규작을 통해 일본 아티스트가 나아갈 수 있는 새로운 선택지를 구축했다. 비교적 정직하고 스트레이트하게 구축된 사운드는 트렌디한 팝 에센스와 맞물려 다양한 스펙트럼을 발했다. 악기의 비중을 줄임과 동시에 크로스오버의 측면을 보다 강조한 〈Eye of the Storm〉(2019)과 같은 작품은 그들이 새로운 목표점을 잡았기에 탄생할 수 있었던 새로운 가능성이라 할 만하다.

더불어 그들의 성실함은 투어 스케줄로 나타난다. 매년 라이브 활동에 힘쓰며 조금씩 규모를 키워 나간 결과, 〈LUXURY DISEASE TOUR〉로만 전 세계 50회를 넘는 공연 횟수를 기록하고, 2025년 역시 북미와 남미를 거쳐 첫 일본 스타디움 투어를 개최하는 등 세계 시장이라는 거친 파도를 순항 중에 있다. 어찌 보면 지금과 같은 인터내셔널의 바람이 불기 전, 한 발 앞서 없던 루트를 개척하고자 했던 선구자라 해도 과언은 아닐 듯하다.

그런가 하면 베비메탈(BABYMETAL)은 극히 일본스러운 콘텐츠로 세계 라우드 뮤직 팬들에게 주목받은 케이스라 할 만하다. 당초 아이돌 멤버 사쿠라가쿠인(さくら学院)의 유닛 활동으로 시작했던 프로젝트는, 예상 외의 화제를 모으며 조금씩 그 세를 불려나가 지금의 세계적인 인지도를 갖추게 되었다. 준수한 가창력을 갖춘 수-메탈(SU-METAL)과 양옆에서 퍼포먼스로 분위기를 조력하는 유이메탈(YUIMETAL)과 모아메탈(MOAMETAL)의 이색적인 퍼포먼스. 여기에 압도적인 연주력을 갖춘 카미밴드가 세션으로 더해지며 막강한 조합이 탄생했다. 빠르게 〈섬머 소닉〉이나 〈라우드 파크〉와 같은 일본의 페스티벌을 섭렵하더니 2014년부터는 바로 월드투어에 돌입. 캐나다, 프랑스, 영국, 독일을 돌며 아이돌과 메탈의 공존이 가능함을 생생하게 증명해내고야 말았다.

이들의 인기 요인에는 우선 SNS와 유튜브를 통한 영상 전파가 유효했다. 일본에서도 조금씩 소셜 미디어를 통한 프로모션이 본격화되던 시기였기에, 전 세계로 빠르게 그들의 인기가 퍼져 나갈 수 있었다. 더불어 어찌 보면 황혼기를 맞아 새로움이 없던 메탈 신에 활기를 불어넣으며 명망 높은 뮤지션과 장르 팬들의 사랑을 독차지했다는 점도 언급할 만하다. 주다스 프리스트(Judas Priest)와 'Painkiller'와 'Breaking

the law'를 협연하는가 하면, 메탈리카(Metallica)의 투어에 오프닝을 장
식하기도 했다. 레이디 가가(Lady GaGa), 레드 핫 칠리 페퍼스(Red Hot
Chili Peppers) 등도 찬사를 보내는 등 여러 아티스트의 샤라웃 역시 컸
다. 세계화에 있어 허들일수도 있을 로컬리티가, 서구 대중의 이목을
집중하게 만든 요인이었다는 점. 이것이 원 오크 록과는 다른 방향성
의 해외 진출이라고 할 수 있겠다.

   정규작 〈METAL FORTH〉(2025)는 미국의 〈Capital Record〉를 통

해 선보이며 세계를 지향하는 앨범임을 분명히 했다. 특히 세계 각국의 라우드 뮤직 팀과 협연한 곡들이 러닝타임의 대부분을 채우고 있으며, 빌보드 200 차트 9위에 랭크되며 전원 일본인으로 이루어진 그룹 사상 최초로 Top 10이라는 쾌거를 이루기도 했다. 커리어 초기에는 '메탈이냐 아니냐'와 같은 논쟁에 휩싸이곤 했지만, 지금은 누구도 이의를 제기할 수 없는 월드스타로서 세계 진출의 길을 열어 젖힌 훌륭한 모범 사례가 되었다.

최근 일본 음악계를 돌아보면, 확실히 내수에 집착하는 흐름은 옅어지고 있는 것 같다. 'オトナブルー(어른인 척)'로 우리나라에서도 큰 인기를 끌었던 아타라시이각코노리다즈(新しい学校のリーダーズ)의 경우, 미국을 거점으로 아시아 컬처를 중점적으로 소개하는 레이블 〈88 rising〉과 계약하며 전 세계를 무대로 활발히 자신들의 영역을 넓혀가는 중이다. 내한공연을 펼치기도 했던 오토보케 비버(おとぼけビ〜バ〜) 역시 영국의 〈Damnably〉 소속으로 일본 보다는 서구 인디 신에서 존재감을 드러내는 케이스이기도 하다.

후지이 카제는 활동 초기부터 자신의 SNS에 영어를 기반으로 의사소통하며 자신의 거점이 일본에 한정되어 있지 않다는 점을 명확히 했고, 최신작 〈Prema〉(2025)는 미국의 〈Republic Records〉을 통해 전곡 영어 가사로 발매하며 본격적인 글로벌 브랜딩을 감행하고 있다. 그 외에 KPOP의 시스템을 통해 국제적인 팝 스타를 육성하고자 한 엑스지(XG), 개성 넘치는 록/메탈 사운드로 해외에서 각광받고 있는 하나비에.(花冷え。) 나 네모필라(NEMOPHILA) 등 국내에서의 기반이 비교적 얕더라도 세계에서의 활약으로 이를 보완하는 이들이 늘어날 것이라는 것은 자명한 사실이다.

중요한 것은, 과연 얼마나 많은 아티스트들이 안전한 울타리를 벗어나 미지의 영역으로 발걸음을 옮길 것이냐 하는 문제다. 그들이 선보일 음악이 일본적 정체성을 유지함과 동시에 글로벌에도 통할만한 보편성을 확보할 수 있느냐에 대한 이야기이기도 하다. 어쨌든 변화의 물결은 이미 요동치고 있으며 이제 그 파도를 어떻게 타느냐는 각자의 몫으로 남아 있다. 세계 무대라는 시험대에 오른 일본 음악, 이 흐름은 과연 지속될 수 있을까. 향후 일본 음악계의 움직임이 궁금할 따름이다.

추천 앨범

🔊 원 오크 록(ONE OK ROCK) 〈Luxury Disease〉(2022)

사실 이들의 작품은 취향에 따라 평가가 많이 갈리는 편이다. 전형적인 제이록을 선호하는 이들이라면 당연하게도 〈Niche シンドローム(니체 신드롬)〉이나 밴드의 가장 대중적인 지점을 만나볼 수 있는 〈人生 x 僕 = (인생 × 나)=)〉을 꼽겠지만, 단순히 과거에 머물러 있기에 이들은 너무나 큰 진화를 거듭해 왔다. 개인적으로 미국 진출 후 완성형에 도달한 지점이 바로 이 작품이라고 생각한다. 몇 장의 작품을 거쳐 영미권이라는 새로운 환경에 맞춰 시행착오를 거듭한 결과 탄생한 '새로운 원 오크 록만의 음악'이 자신의 뿌리를 기반으로 단단하게 구축되어 있기 때문이다.

비트를 삽입해 댄서블한 느낌을 가미한 리드 트랙 'Save Yourself'와 상승조의 선율로 보컬의 파괴력을 극대화하는 'Neon' 까지만 와도 스스로 자처한 고생 길이 헛된 것이 아니었음을 명확히 감지히게 된다. 해외진출이라는 명분에 이의를 제기하는 자들, 아마 이 작품을 통해 더 이상 그 입을 놀리지 못하게 되었을 것이라 자신한다.

🔊 베비메탈(BABYMETAL) ⟨Metal Resistance⟩(2016)

이들 최고의 명곡 중 하나라 믿어 의심치 않는 'Road of Resistance'로 화끈하게 시작하는 인트로부터가 심상치 않다. 조금씩 해외로부터 반응을 얻던 시기에 이들의 인기에 결정적 역할을 한 두번째 정규작이다. 일본의 로컬리티를 가미한 프레이즈가 묵직한 메탈/그런지 사운드를 동반해 고막을 지배하는 'KARATE', 수-메탈의 청명한 가창이 드래곤 포스류의 속주와 멋들어지게 어우러지는 'Amore - 蒼星 -', 좀처럼 마음을 놓을 수 없는 변칙적인 전개로 마지막까지 텐션을 유지하게 만드는 'Tales of The Destinies' 까지. 월드스타로 발돋움하느냐 마느냐의 기로에 있던 중요한 시기에 결정타 역할을 한, 그들 커리어에 있어 가장 커다란 견인차 역할을 한 작품이다.

🔊 아타라시이각코노리다즈(新しい学校のリーダーズ) ⟨AG! Calling⟩(2024)

이들을 "オトナブルー(어른인 척)' 한 곡으로만 정의하긴 곤란하다. 애초에 그건 그룹의 파편에 가까운 부분이니까. 리드미컬하게 전개되는 댄서블한 비트 위로 공연장을 점령한 에너지를 뿜어내는 'Fly High', 레트로한 신시사이저를 필두로 반복되는 구절로 예측불가한 중독성을 자아내는 'Toryanse', 마치 자신들을 맞이하라는 사이렌과 같은 기세로 다가오는 웅장함이 좌중을 압도하는 'Tokyo Calling', 혼 세션의 적극적인 개입이 그루비한 흥을 빚어내는 'Maji Yoroshiku' 등 개성 강한 수록곡들이 세계 진출이 가시화되고 있는 시점에 보다 트렌디하게 그룹을 재정의하고 있다.

타이업 시스템의 성행, 그리고
현 일본 음악 신 속 명과 암

JPOP을 듣기 시작하던 고등학생 시절, 주변에서 자주 들었던 이야기가 "일본사람들은 왜 이렇게 만화 주제가를 좋아하느냐"라는 질문이었다. 가끔 노래방에 가면 나처럼 라르크 앙 시엘의 'Driver's High'(1999)나 포르노그라피티(ポルノグラフィティ)의 'メリッサ(멜리사)'(2003) 같은 곡을 부르며 일반인 코스프레를 포기하는 친구들이 있었는데, 그 때 화면에 뜨던 '~~~~ 주제가' 혹은 '~~~~ OP'라는 문구가 표시되는 것을 보고 생긴 궁금증이 아니었을까 싶다.

한국에서 만화라 하면 주로 유아나 아동을 대상으로 하는 콘텐츠였기에, 〈날아라 슈퍼보드〉의 "치키치키 차카차카 초코초코초"나 〈아기공룡 둘리〉의 "호잇 호잇 둘리는 초능력 내친구"처럼 단순한 멜로디와 가사로 구성된 노래가 서두를 장식하곤 했었다. 그나마 〈슬램덩크〉가 SBS에서 방영되던 시절에 선보인 박상민의 '너에게로 가는 길' 정도가 성인층까지 인기를 얻은 사례라 할 수 있겠다. 현재는 일본 애니메이션이 서브컬처로 확고히 자리 잡았고, 애니메이션과 테마곡이 함께 히트하며 일본 아티스트의 한국 내한 러시를 부추기고 있는 상황이 되긴 했다. 어쨌든 다시 돌아가, "일본은 왜 이렇게 만화 주제가를 좋아하느냐"는 질문에 답하기 위해선, 일본 특유의 '타이업' 시스템을 살펴볼 필요가 있다.

타이업(タイアップ)은 '동시에 상승하다'라는 의미의 'Tie-up'이라는 단어가 일본식 외래어로 정착된 것으로, 아티스트와 콘텐츠가 서로의 인지도를 높이는 상호 이익 전략이라고 이해하면 빠를듯 싶다. 일본 애니메이션 시장은 1970~80년대부터 점차 타깃이 성인층으로 넓어지기 시작했고, 고다이고(ゴダイゴ)의 '銀河鉄道999(은하철도999)'(1979)를 시작으로 타이업이 조금씩 활용되더니, 동명의 작품에 기용된 안리(杏里)의 'CAT'S EYE'(1983)가 대히트하며 그 흐름이 완전히 변화했다. 앞서 말한 '만화 주제가'로 일본의 상징적인 연말 프로그램 〈홍백가합전〉에 출연했다는 것 자체가 센세이셔널한 사건이었던 것. 동시에 애니메이션의 시청자층이 아동에서 대중음악에 민감한 청년층으로 완전히 이동했음을 확인하는 계기가 되었다.

이후 드라마, 영화, 애니메이션을 포함한 영상 매체들은 적극적으로 타이업을 활용하기 시작했다. 노래가 매주 같은 시간에 방송된다는 점은 가수에게도 엄청난 혜택으로 작용했다. 티엠 네트워크(TM NETWORK)의 'Get Wild'(1987)는 일반적으로 CM 이후에 엔딩곡이 나오는 관행을 깨고 마지막 장면에 곡을 삽입하는 연출을 통해 주목받으며 인기 스타 반열에 올랐다. 1990년대에 들어서는 드라마에서도 강력한 영향력을 발휘하기 시작했는데, 대표적으로 오다 카즈마사(小

田 和正)의 'ラブ・ストーリーは突然に(러브스토리는 갑자기)'(1991),
차게 앤 아스카(CHAGE and ASKA)의 'SAY YES'(1991) 등이 그 예라 할
만 하다.

이처럼 타이업은 단순한 홍보 수단을 넘어 일본 음악 산업의 핵심
동력이 되었다. 실력파 아티스트들에게 대중적 인지도를 높일 수 있는
무대를 제공하고, 레이블 역시 상업적 전략을 구체화 할 수 있는 탁월
한 플랫폼으로 인식되던 시기였다. 특히 비잉(ビーイング, 현 B ZONE)

레이블은 1990년대 초중반 타이업 시스템을 통해 큰 성공을 거둔 대표 주자다. 1978년 당시 뮤지션이었던 나가토 다이코우(長戸 大幸)가 설립한 음악 제작사로, 타이업을 주력 비즈니스로 채택, 의뢰받은 작품의 콘셉트를 바탕으로 곡을 엄선하고 창작한다는 전략을 통해 소속 아티스트들의 인지도와 음반 판매량을 대폭 증가시켰다.

1993년은 비잉의 독주가 본격화되는 시기였다. 비즈와 튜브(TUBE), 자드(ZARD), 완즈(WANDS), 티-볼란(T-BOLAN), 딘(DEEN) 등 지금 들어도 그 때 향수가 떠오르는 주역들이 음악계를 석권했다. 더불어 라이브 활동을 최소화하는 신비주의 전략을 통해 시디를 사지 않고는 견딜 수 없게끔 대중을 조련했다. 꾸준히 모습을 비추는 이들은 튜브와 비즈 정도였으며, 인기 절정 당시에도 자드의 공연이 극히 드물었다는 사실은 일찍 세상을 등진 그의 삶을 비춰볼 때 여전히 아쉽게 여겨지는 지점이기도 하다. 어쨌든 1993년 오리콘 차트 기준으로 싱글 TOP 20 중 10곡, 앨범 TOP 10 중 5장을 차지했던 그들의 빛났던 시기, 그 중심엔 바로 타이업이 있었다.

1990년대에 접어들며 싱글 판매량이 앨범을 상회하게 된 것도 어찌 보면 타이업의 파급효과라 할 만하다. 이는 당시 성행하던 밴드 붐에 질린 이들이 트렌디 드라마의 테마곡을 통해 음악에 다시금 관심을 갖기 시작했고, 이를 풀 버전으로 감상하는 방법이 음반 구매뿐이었다는 사실에 기인한다. 더불어 가라오케의 보급으로 '부르는 음악'이 유행하며, 노래를 원할 때 듣고 암기하기 위한 방편으로 싱글이 소비되었다는 점도 주목할 만하다.

한때 이러한 타이업 시스템도 지나친 상업화와 특정 세력 중심의 운영으로 많은 비판을 받았다. 주목할 점은, 그 흐름이 코로나19 전파를 기점으로 완전히 새로운 국면을 맞이했다는 사실이다. 2020년부터 전 세계를 강타한 이 전례없는 팬데믹은 일본 음악 산업에도 큰 변화를 가져왔다. 라이브 공연이 사실상 중단되면서 많은 아티스트들이 수입원과 홍보 창구를 동시에 잃게 되었고, 레이블들은 생존 전략으로 타이업에 더욱 집중하는 결과를 초래했다. 이런 상황이 타이업에 대한 의존도를 급격히 높였고, 지금은 다소 포화 상태에 이르렀다고 해도 과언이 아닐듯 싶다.

OTT를 통한 일본 애니메이션의 대중화는 이러한 추세를 더욱 가속화했다. 특히 앞서 언급했듯 넷플릭스의 영향력은 결정적이었다. 넷플릭스라는 보편적 이미지에 힘입어 여러 애니메이션들이 마니아층 외의 사람들에게도 침투하기 시작했고, 〈귀멸의 칼날〉, 〈주술회전〉, 〈스파이 패밀리〉 등이 한국을 비롯한 전 세계에서 인기를 끎과 동시에 음악 역시 자연스레 글로벌 청중에게 노출되었다. 이처럼 애니메이션과 JPOP의 동행이 해외 시장에서 주목 받으며 일본 아티스트들의 해외 진출도 빠른 성과를 보이고 있다.

이 흐름을 타고 인기 애니메이션을 향한 정상급 아티스트들의 주제가 경쟁은 더욱 치열해지고 있으며, 2024년 이후 대형 레이블들이 더욱 적극적으로 자사 가수들의 몫을 선점하고, 영상 제작 측 또한 검증된 이들을 기용하려는 의도와 맞물려 진입장벽 자체가 높아지는 결과를 초래했다. 그럼에도 빌보드 재팬 연간 싱글차트 1위를 차지한 크리피 넛츠의 'Bling-Bang-Bang-Born'(2024), 〈체인소맨 레제편〉의 흥행을 타고 국내를 넘어 전 세계적으로 큰 호응을 얻고 있는 요네즈 켄시의 'Iris out'(2025) 등은 타이업에 신경을 쓸 수 밖에 없는 일본 대중음악 신의 현 좌표를 그대로 보여주고 있다.

이러한 접근법이 일본 음악의 해외 진출에 긍정적인 효과를 미치는 것은 분명하지만, 몇 가지 우려되는 지점 역시 존재한다. 먼저, 음악이 영상 콘텐츠의 부수적 요소로 전락할 위험성이다. 타이업에 대한 과도한 의존은 음악 자체의 독립적인 가치를 약화시킬 수도 있다는 것이 개인적인 의견이다. 더불어 타이업 성공을 위한 '공식'이 고착화되고 세력화되면서 일부 아티스트에 한해 이 기회가 부여됨에 따라, 다양한 음악이 해외에 소개될 통로를 스스로 차단할 가능성도 있다.

앞으로 일본 음악 산업이 지속 가능한 글로벌 성장을 이루기 위해서는, 타이업이라는 효과적인 창구를 활용하되 음악 자체의 본질을 추구하는 균형잡힌 접근이 필요하다고 생각한다. 레이블과 아티스트들은 과한 타이업 의존 대신 다양한 홍보 전략을 모색함으로써 열기를 지속해 갈 움직임을 서둘러야 하지 않을까 싶다. 이러한 노력이 밑바탕이 될 때 비로소 일본 음악은 '애니메이션 OST'를 넘어 세계 음악 시장에서 독자적인 장르로 자리매김할 수 있을 것이다.

일본 음악의
세계화를 꿈꾸는 야심,
MUSIC AWARDS JAPAN

전자 음악 신의 선구자라고 일컬어지는 옐로우 매직 오케스트라(イ エロー·マジック·オーケストラ, 약칭 YMO)의 'RYDEEN'(1979)을 배 경으로, 내로라 하는 일본 아티스트들이 올림픽을 방불케 하는 퍼포먼 스를 선보인다. 아이돌 계의 이단아 퍼퓸(Perfume)부터 현세대를 대표 하는 트랙 메이커 스터츠(STUTS), 파격으로 편견을 돌파하는 챤미나, 각각 대중음악계와 클래식계의 슈퍼스타로 군림 중인 바운디(Vaundy) 와 스미노 하야토(角野 隼斗), 서브컬쳐의 아이콘 하츠네 미쿠(初音 ミ ク)까지. 이들이 어우러져 조금은 어색하면서도 꽤나 인상적인 일종의 '난장'을 만들어 낸다.

여기서 끝이 아니다. 엔카를 대표하는 호소카와 타카시(細川たかし) 와 'チーム友達(팀 친구들)'(2024)로 힙합의 메인스트림 진입을 증명 한 치바 유우키, 프루츠 지퍼(FRUITS ZIPPER)와 큐티 스트리트(CUTIE STREET)라는 신흥 아이돌 강자, 글로벌 히트를 경험한 텐-핏과 아타

라시이각코노리다즈까지. 억지로 이어 붙인 듯한 흐름이 조금은 정신 없지만, 그만큼 일본 음악의 다양성을 보여준 5분짜리 무대였다. 그 속에 숨겨져 있는 것은 바로, 모처럼 목도한 JPOP의 글로벌 붐에 기름을 붓고자 하는 의도다. 2025년 신설된 일본 최대 규모의 음악 시상식 〈MUSIC AWARDS JAPAN〉(이하 MAJ)에서 펼쳐진 오프닝 세레모니에 대한 이야기다.

"세계와 연결되어, 음악의 미래를 밝힌다"라는 슬로건으로 출범한 이 행사는, 발표 당시부터 많은 음악 관계자들의 이목을 모았다. 우선 주최기관부터 남달랐다. 주관사인 사단법인 CEIPA(Japan Culture and Entertainment Industry Promotion Association)은 레코드협회와 음악 제작자 연맹 등 일본 주요 협회 5개가 모여 창설된 전례 없는 조직이다. 더불어 정부기관인 문화청의 지원까지 받아 '국가 차원의 행사'로서 기능할 것임을 예고했다. 특히 문화청 장관 토쿠라 슌이치(都倉 俊一)는, 수많은 명곡을 통해 일본 특유의 정서를 확립한 작곡가라는 점에서 상징성이 더욱 커진다. 메인 스폰서인 톱 파트너로는 토요타를 기용, 이 의지를 국가와 기업이 공유하고 있음을 보여주고 있다.

기존 자국 음악상과 차별화를 위해 다양한 시도를 더했다. 우선 '한 해 발매곡'이 아닌 '그 해 차트 진입곡'을 대상으로 한다는 점이 눈에 띈다. 빌보드 재팬 HOT 100과 Top User Generated Songs 데이터를 바탕으로 상위 차트인 작품들이 자동 노미네이트 되는 시스템이다. 이는 '숨은 좋은 음악 발굴'이 아닌 '검증된 자부심 있는 곡의 해외 알리기'라는 목적성을 여과 없이 드러낸다. 더불어 아티스트와 음악 관계자 포함 5,000명 이상의 선거인단을 통한 공정하고 투명한 시상을 지향했다. 기존 〈일본 레코드 대상〉이나 〈홍백가합전〉이 선정 과정 불투명성과 소속사 정치력, 방송국과의 관계 등으로 의혹을 받아온 상황에서, MAJ의 데이터 기반 선정은 신선한 대안으로 여겨졌다.

시상식이 열리는 주간은 아예 〈MUSIC AWARDS JAPAN WEEK〉로 명명해 유튜브를 통해 노미네이트 된 아티스트의 라이브 영상과 뮤직비디오 공개를 진행했고, YMO 트리뷰트 공연 개최 및 교토예술대학 연계 이벤트 마련 등 단순한 시상식을 넘어 일본 음악 전반을 재조명 하는 데 집중했다. 이와 함께 본 시상식은 NHK 생방송과 함께 유튜브 동시 생중계를 시도함으로써 세계를 지향하고 있다는 포부를 내비쳤다. 어쩌면 그 속내에는 KPOP을 등에 업고 여러 나라를 오가며 큰 영향력을 행사하는 한국의 〈MAMA〉와 경쟁구도과 되고자 하는 야심이 있었는지도 모르겠다.

이 시상식의 탄생 배경을 들여다보면, 일본 음악 산업이 직면한 현실적 고민이 고스란히 감지된다. JPOP을 일컫는 말 중 하나인 '갈라파고스'는, 내수 중심의 구조를 대변하는 일종의 아킬레스건과도 같았다. 이를 타파하고자 고이즈미 내각부터 '쿨 재팬' 정책을 개시했고, 아베 정권부터 성장 전략으로 본격 추진했으나 정부 주도의 방식은 한계를 맞으며 쓰라린 기억으로 남았다.

이후 와신상담하던 시기, SNS를 통한 국경 개념의 약화와 넷플릭스를 통한 일본 애니메이션의 실시간 세계 송출로 드디어 기회를 맞았다. 여러 챌린지와 타이업을 바탕으로 요아소비와 크리피 넛츠, 후지이 카제 등이 일으킨 JPOP의 세계적 약진은 놓칠 수 없는 기회였다. 세계 2위의 음악 시장 규모를 자랑하면서도 정작 국제적으로는 변방에 가까웠던 상황을 타파하고자, "아시아의 그래미상"을 표방하며 일본 음악의 글로벌 진출을 본격화하려는 야심이 MAJ를 통해 구체화된 셈이다.

이렇듯 야심차게 시작한 시상식이었기에 개인적으로도 많은 기대와 관심을 갖고 있었는데, 정작 행사 자체는 전반적으로 어색하다는 인상을 지울 수 없었다. 물론 처음인 것도 한몫 했겠지만, 전체적인 모습이 기획 의도를 제대로 구현하지 못한 느낌이었다. 지나치게 차분한 분위기 속 자연스럽게 이어지지 못하는 행사 진행, '세계로 뻗어 나가는 일본 음악'이라는 메시지의 과도한 강조도 그렇지만, 무엇보다 그래미를 의식한 "Ruby goes to" 멘트는 독자적인 시상식보다는 세계의 관심을 갈구하는 인정욕구가 앞선 것처럼 느껴졌다.

시상 기준 또한 의문스러운 순간이 많았다. 수상분야의 경우 '최우수 재패니스송 상', '최우수 록 상', '최우수 싱어송라이터 상', '최우수 리바이벌 상', '최우수 보컬로이드 상' 등 장르와 경향이 뒤섞인 탓에 어떤 작품에 상을 주고자 했는지 알기가 어려웠다. 또한 앞서 언급했듯 '그 해 히트 차트에 랭크된 곡'을 대상으로 한 탓에 우타다 히카루의 'Automatic'(1998)이 2025년에 상을 받는 기이한 상황이 벌어지기도 했다. 특히 다양성이 무기인 일본 음악임에도 라틴, 레게, 하드록, 메탈과 같은 세부 장르들이 완전히 배제되었다는 점 또한 논란을 불렀다. 오죽하면 현지 비평가들이 "운영 측이 칭찬하고 싶은 장르와 아티스트들만 칭찬하기 위해 상을 만든 것 같다"는 비판을 제기했을 정도.

글로벌 송출을 내세우면서도 실제로는 해외 접근성이 떨어지는 모순석 상황도 지적됐다. 영문자막을 위해서라지만 유튜브 라이브가 TV

중계와 30분 시차를 두고 방송되었고, 시상식 아카이브는 일본 전용 플랫폼인 레미노(lemino)에서만 제공되어 해외에서는 볼 수 없는 상황. '국제적 발신을 표방하면서도 해외에서 볼 수 없는' 이런 상황은 MAJ의 글로벌화 전략에 대한 근본적인 의문을 낳았다.

첫 MAJ는 완벽하지 않았다. 그럼에도 적어도 변화하려는 의지만큼은 분명히 보여줬다. 다만 '처음'이라는 변명은 앞으로는 통하지 않을 터. 이 시상식이 정당성을 갖추기 위해서는 향후 몇 년 내 국제적 영향을 확보해야 한다는 과제를 해결해야 할 것으로 보인다. 이를 위해서는 해외 접근성 향상, 노미네이트 기준 명확화와 더불어 시상자 선정 과정 속 '투명성' 확보에 초점을 맞춰야 하지 않을까 싶다. 그저 '전 세계적으로 인기를 얻은 음악'이 '뛰어난 음악'으로 상을 받는 시상식은 장기적으로는 설득력을 얻기 어렵기 때문이다.

한편으로는 대중문화에 대해 국가가 직접 나서 대규모 지원을 현실화했다는 점이 대단하게 느껴지기도 한다. 그만큼 글로벌적 관심을 등에 업고, '일본 음악'이라는 개념을 재정의하겠다는 의지가 강함을 보여주고 있는 행보가 아닐까 싶다. 일본 음악이 '그들만의 리그'에서 벗어나 세계와 소통을 시작하려는 첫걸음을 내디뎠다는 점에서, MAJ는 분명히 의미 있는 실험이다. 이처럼 일본이 간만에 내기 시작한 그 목소리가 얼마나 멀리, 얼마나 깊게 울려 퍼질지 흥미롭게 지켜볼 일이다. MAJ가 '일본의 가장 공신력 있고 의미 있는 음악 시상식'이 되기를, 일본 음악 팬으로서 기원할 따름이다.

PART 3

•

시대를 노래하는 얼굴들: 유일무이한 세계관의 아티스트

신카이 마코토와 래드윔프스
- 우연히 시작된 동행이
밴드의 커리어를 바꾸어 놓다

대학시절을 돌아보면, 복학 후에는 대부분의 과목을 혼자 들었던 것 같다. 고학년 때는 주로 이중전공 위주로 수업을 들은 탓에 다른 이들과 서먹했고, 자주 어울리던 친구들 역시 각자 살 길을 찾느라 고군분투하던 시기였다. 그들과 가끔씩 만나 술잔을 기울이는 시간 외에는 학교에 와 입 한번 뗄 일이 많지 않았다. 그렇게 혼자 보내는 시간이 싫지는 않았지만, 문제는 공강이었다. 뭘 하기에도 어디 가기에도 애매한 시간. 그때 주로 드나 들었던 곳이 바로 도서관 내 DVD실이었다. 당시만 해도 본격적으로 글을 쓰기 전이긴 했지만 그래도 본령은 음악 마니아였다. 영화를 보기 보다는 콘서트 영상이나 〈히스토리 오브 록 앤롤〉 같은 다큐멘터리가 더욱 내 구미를 당긴 것은 당연했다.

그러다 그저 애니메이션이 보고 싶어 우연히 집어 든 것이 바로 〈초속 5센티미터〉였다. 누구에게나 있을 첫사랑을 꽤나 쓸쓸한 테이스트로 갈무리하는 스토리의 여운, 여기에 마지막을 장식하며 그 아린

감정을 더욱 극대화하는 야마자키 마사요시(山崎 まさよし)의 노래 'One more time, one more chance'(1997)까지. 그 이후로 이 작품은 나의 인생작이 되었고, 틈날 때마다 돌려보고 집에 있는 통기타로 야마자키 마사요시의 노래를 연습하곤 했었다. 그때만 해도, 역시 내 취향은 참 유별나다고 생각하던 시절이었다.

서두가 다소 길었던 것은 이 〈초속 5센티미터〉의 감독, 신카이 마코토(新海 誠)의 작품을 언급하기 위해서였다. 일상 속의 섬세한 감수성을 스펙터클한 이야기로 확장하는 역량, 빛의 묘사를 극대화한 황홀한 배경묘사를 통해 일부 마니아들 사이에 소소하게 언급되던 시기였다. 그랬던 상황은 〈너의 이름은.〉의 등장 이후로 급변했다. 그의 장점이 여러모로 극대화 된 이 장편은, N차 관람 트렌드가 형성됨과 동시에 방학 기간과 맞물려 가족 단위의 관람객이 증가하는 등 예상치 못한 호재와 함께 380만명이 넘는 흥행을 이끌어 냈다. DVD 실에 앉아 공유할 곳 없는 두근댐으로 가슴을 부여잡고 있던 당시의 나로서는 상상해 본 적 없는 일이었다.

이 놀랄만한 성적에 힘을 보탠 조력자이자 또 하나의 주인공이 있다. 바로 래드윔프스(RADWIMPS)다. 〈너의 이름은.〉의 인기요인이라고 한다면 우선 이야기의 힘과 뛰어난 영상미를 꼽을 수 있겠으나, 기승전결의 전반을 조율한 OST 또한 빼놓을 수 없을 것이다. 특히 수록곡 '前前前世(전전전세)'(2016)와 'スパークル(스파클)'(2016), 'なんでもないや(아무것도 아니야)'(2016) 등의 곡은 중요한 순간에 등장해 서사를 이끌어가는 중요한 역할을 맡았다. 운 좋게 2017년 프론트퍼슨이자 모든 음악 제작을 총괄한 노다 요지로(野田 洋次郎)를 인터뷰

할 기회가 있었는데, 그는 1년 반 동안의 작업이 너무 힘들었지만 그 경험이 다음 스텝으로 나아가는 데 큰 도움이 되었다 언급했다. 멋 모르고 들이댄 도전이었지만, 꾸준한 집념으로 더 넓은 세상과의 교집합을 만들어 내는데 성공한 셈이다.

국내에서는 이 과정을 거쳐 이름을 알린 감이 있지만, 사실 래드윔프스는 이전에도 톱급 위용을 자랑하던 팀이었다. 현지의 록 팬들, 국내의 일본 음악 애호가들에게는 거물급 아티스트였으며, 이른 시기부터 내한공연을 겸한 월드투어까지 성공리에 완수할 만큼 확고한 기반을 가지고 있었다. 2001년에 고등학생 신분으로 결성 후 인디밴드로 시작, 2005년 메이저 데뷔 완수 후 정확히 3년만에 싱글 'オーダーメイド(오더 메이드)'(2008)로 오리콘 1위를 차지하며 일본 록 신의 대표 주자로 성장하게 된다. 상냥함과 과격함을 오가는 가사, 여기에 뛰어난 연주력을 기저에 둔 에너지틱한 사운드로 젊은 층의 폭발적인 지지를 받았다.

팀의 정체성이 완성되었음을 알림과 동시에 국내 대중까지 사로잡는데에 결정적 역할을 한 것은 바로 네 번째 정규작 〈RADWIMPS 4 ～おかずのごはん(밥은 반찬)～〉(2006)이었다. 첫 내한공연의 약 절반 정도가 이 앨범의 수록곡이었으며, '有心論(유심론)'이나 'いいんですか?(괜찮은가요?)'와 같은 노래는 지금도 꾸준히 사랑받는 스테디셀러로 그 위용을 뽐내고 있다. 더불어 신카이 마코토 감독이 섭외를 결심했던 계기 역시 수록곡인 'ふたりごと(둘이서)'이었다는 점을 돌아보면, 이들의 운명을 크게 바꾸어 놓은 한 장이라고 해도 과언은 아닐듯 싶다.

흥미로운 사실은, 이 애니메이션으로 촉발된 신규 팬의 유입과 올드 지지층의 융합이 초반엔 그렇게 순탄하지 않았다는 점이다. 당시 2017년에 단독 라이브와 〈지산 밸리 록 페스티벌〉 공연을 모두 관람했었는데, 이전보다 관객 수가 월등히 늘어난 와중에 기존 밴드의 곡보다 '前前前世(전전전세)'가 압도적 반응을 보였던 것을 생생히 기억하고 있다. 다들 밈으로 유행했던 '홍대병'이라는 것을 알고 있을 것이다. 나만 알던 밴드가 갑자기 유명해져 내 곁을 떠나버린 듯한 배신감 같은 것 말이다. 이전에도 높은 인기를 구가했던 팀이라 이 비유가 맞을지 모르겠지만, 어쨌든 두 팬층이 양분되어 있다는 인상을 받았던 것은 사실이었다. 이후 팀의 사운드가 점차 탈 밴드를 지향하는 과정에서, 영화음악가 노다 요지로의 정체성이 자연스럽게 흡수되며 현재의 스타일에 이르렀다고 보면 될 듯 싶다.

〈너의 이름은.〉 이후에도 동행은 두 번 더 이어졌다. 전작의 평행세계에서 펼쳐지는 〈날씨의 아이〉에서는 '愛にできることはまだあるかい(사랑이 할 수 있는 일이 아직 있을까)'(2019)가, 가장 최근작인 〈스즈메의 문단속〉에서는 'カナタハルカ(저 멀리)'(2022)와 'すずめ feat.十明((스즈메 feat. 토아카)'(2022) 등이 큰 사랑을 받으며 신카이 마코토의 세계관을 더 많은 이들에게 퍼뜨리는 데에 일조했다. 특히 〈스즈메의 문단속〉은 550만명의 스코어를 기록하며 〈THE FIRST SLAM DUNK〉를 제치고 국내 박스오피스 역대 일본영화 관객 수 1위를 기록하는 기염을 토했다.(현재 역대 일본영화 관객 수 1위는 〈극장판 귀멸의 칼날 : 무한성편〉) 이를 통해 '재난 3부작'은 유종의 미를 거두었고, 래드윔프스는 일본 아카데미 최우수 음악상을 두번이나 수상함과

동시에 돔 투어까지 완주하며 커리어에 길이 남을 빛을 새겼다. 음악과 영상이 단순히 더해지는 것이 아닌, 서로를 완성하는 새로운 형태의 예술을 만들어 낸 순간이었다고 언급할 만하다.

영화를 통해 범대중적인 지지를 얻으며 국민밴드로 거듭난 래드윔프스. 그 경험을 발판삼아 그들은 직선적인 록의 울타리를 넘어 다채로운 색채가 어우러진 하이브리드 음악의 세계로 진화했다. 메이저 데뷔 20주년을 앞둔 시점에 쿠와하라 아키라의 탈퇴라는 상처를 안게되었지만, 신작인 〈あにゅー(anew)〉(2025)를 선보이는 등 그 공백 너머로 또 다른 시작을 꿈꾸는 팀의 여정은 계속되는 중이다. 신카이 마코토 감독의 영화 속 주인공들처럼, 우연히 시작된 두 예술가의 동행은 이별과 만남이 교차하는 삶의 굴곡을 음악과 영상으로 각각 승화시키며 서로의 세계를 생각지도 못한 크기로 확장했다. 언젠가 다시 마주칠 그들의 재회는, 아마도 〈초속 5센티미터〉보다 빠르게, 하지만 〈별의 목소리〉보다 조용히 우리 곁에 찾아올 것이다. 그때 우리는 다시, 같은 시간 같은 공간에서, 그들이 빚어낸 감동의 순간을 함께 호흡하고 있을 것이다.

추천 앨범

🔊 래드윔프스(RADWIMPS) 〈絶対絶命(절체절명)〉(2011)

범프 오브 치킨(BUMP OF CHICKEN) 특유의 감수성이 스탠다드가 된 2000년대 초중반. 래드윔프스는 처음에는 유사한 물줄기 중 하나로 보였으나, 어느덧 왕성한 창작력과 <너의 이름은.> OST를 통해 우상에 필적하는 대형 밴드로

거듭나 있는 상태다. 앞서 네 번째 앨범 <RADWIMPS 4 ~おかずのごはん (밥은 반찬)~>의 영향력을 언급했지만, 팀 고유의 임팩트는 이 작품을 통해 더욱 생생히 만나볼 수 있다고 생각한다.

첫 곡 'DADA'의 날카로운 기타와 샤우팅이 말해주듯, 노다 요지로의 창작력 과 감성은 이때 가장 날이 서 있었다. 빠른 워딩으로 독자적인 운율을 만들 어나가는 '君と羊と青(너와 양과 파랑)', 세상에 대한 분노를 처절하게 담아 낸 잔혹시 '狹心症(협심증)' 등. 5집 <アルトコロニーの定理(알토콜로니의 정 리)>(2009)부터 조금씩 내비쳐왔던 사회를 향한 시선을 본격화하고, 철학적 세계관을 확장시킨 그 존재감 역시 크다. 말 그대로 '밴드 래드윔프스'의 완 성형이 담겨 있는 앨범.

◀》 래드윔프스(RADWIMPS) <君の名は。(너의 이름은.)>(2016)

음악만 들어도 영화 속 명장면들이 머릿 속을 스쳐가는 듯한 경험. 비단 나 만 느끼는 것은 아닐 것이다. 처음으로 담당한 OST임에도, 밴드는 무리 없이 자신들의 또다른 색채를 발현하며 밑그림만 그려져 있던 스케치에 다채로 운 색을 더했다. 많은 이들이 '前前前世(전전전세) (movie ver.)'나 'スパークル (스파클)'과 같은 곡에 더 큰 박수갈채를 보내고 있지만, 그렇다고 본래의 정 체성을 내려 놓은 채 피아노와 오케스트레이션을 동반해 심플하게 그려낸 인스트루멘탈 트랙들을 과소평가해서는 안될 것이다. 신카이 마코토가 각본 을 쓰기 시작한 무렵 문득 머릿속에 떠올린 존재들은, 그렇게 기대에 부응하 며 꿈을 현실로 그려내고야 말았다. 팀이 대중적인 인지도를 얻어 다음 단계 로 나아가는 데에 결정적 계기로 작용한 작품이기도 했다.

나카타 야스타카: 미래향 JPOP을 설계한 21세기의 장인

　행정병으로 군 복무를 하던 당시, 야간 근무의 무료함을 달래준 것이 바로 공군 인트라넷이었다. 당시 공군 인트라넷에 음악을 꽤나 충실히 소개해주던 웹진 비슷한 것이 있었다. 거기서 미카(Mika)도 알게 되고, 마이 케미컬 로맨스(My Chemical Romance)도 처음 접했던 기억이 난다. 꽤나 다양한 장르를 소개해줬던 덕분에, 안 그래도 음악에 대한 갈증이 심했던 나는 하루가 멀다 하고 업데이트를 기다리는 열혈 방문자가 되어 있었다. 그날도 여느 때와 같이 웹페이지에 들어가 이곳저곳을 살펴보던 중, 마침 한 일본 음악이 눈에 띄어 홀린 듯이 플레이 버튼을 눌렀다. 당시에는 그닥 친숙하지 않았던 일렉트로니카 리듬과 살짝 왜곡시킨 보컬, 여기에 반복되는 일상의 지루함을 환기 시켜주는 상쾌한 무드의 멜로디까지. 그 노래가 바로 캡슐(CAPSULE)의 'Sugarless GiRL'(2007). 지금부터 이야기할 나카타 야스타카(中田ヤスタカ)와의 첫만남이었다.

21세기를 대표할 일본의 뮤지션을 중요도 순으로 읊는다고 했을 때, 나는 나카타 야스타카가 꽤 이르게 언급되어야 한다고 생각하는 사람이다. 일렉트로니카를 단순히 서브 장르가 아닌 메인스트림 팝의 언어로 재정의한 그 업적은 누구도 범접할 수가 없기 때문이다. 금속 재질의 댄서블함을 기반으로, 보컬로이드적 보정과 미니멀한 비트, 중독적인 선율을 얹어 20세기에는 존재하지 않던 '미래향 JPOP'을 구체화시켰다고 해도 과언은 아닐 것이다.

지금이야 보카로를 거치며 DTM(Desktop Music)이 완전히 일반적인 작업방식으로 자리잡았지만, 그가 프로로 등장했던 2000년대 초 만해도 PC만을 사용해 음악을 만드는 경우는 흔치 않았다. 그런 상황에서 그는 오로지 컴퓨터와 키보드만을 무기로 작사와 작곡, 편곡을 넘어 믹싱까지 전부 다루는 '트랙메이커'로서의 존재감을 쌓아나갔다. 그 당시 홈레코딩은 장비들의 성능이 받쳐주지 못한 탓에 많은 제약이 있었음에도, 그는 자유로운 작업환경이라는 이점을 위해 불편함을 감수하고 해당 방식을 고수해 나갔다. 그러한 고집이 나카타 야스타카를 독보적인 프로듀서로 발돋움하게 만든 셈이다.

일찍 데뷔한 덕에 그는 '젊은 장인'이라고 불러도 전혀 어색함이 없다. 그가 보컬리스트 코시지마 토시코(こしじま としこ)와 함께 캡슐을 결성한 것이 17살이었던 1997년이기 때문이다. 2001년 데뷔 이후 캡슐은 시부야계 사운드를 기반으로 한 프렌치 팝 스타일에서 점차 하드한 일렉트로하우스로 진화해갔다. 특히 2006년을 기점으로 본격화된 미니멀한 일렉트로 사운드는 나카타의 시그니처가 되었다. 앨범 〈ハイカラガール(하이카라 걸)〉(2001)의 '東京喫茶(도쿄찻집)'를 감

상한 후 〈Fruits Clipper〉(2006)의 'Jelly'를 들어본다면 그 변화를 명확히 체감할 수 있을 것이다. 마치 일렉트로니카를 졸여낸 듯한 밀도의 반주와 후렴을 터뜨리기 전 차곡차곡 쌓아가는 구성, 이어 쾌감을 극대화 하는 드랍으로 '보컬 없는 카타르시스'를 제조해내는 데 성공한 〈World of Fantasy〉(2011)는 그의 대표작 중 하나이자 강력 추천작이다.

그의 경력이 캡슐에서 멈췄으면 내가 여기에 이렇게 한 챕터를 내주지도 않았을 것이다. 현재의 거대한 명성은 역시 3인조 걸그룹인 퍼퓸과의 동행이 있기에 가능했다. 지금이야 레전더리 태그로 불러도 부족함이 없지만, 처음부터 맹렬한 반응을 얻은 것은 아니었다. 2003년부터 프로듀싱을 맡은 이래 약 3년 간은 미미한 상승세만이 있을 뿐이었다. 그러던 중 결정타가 터졌다. 바로 'ポリリズム(Polyrhythm)'(2007)였다. 동영상 사이트 니코니코도가(ニコニコ動画)에 〈아이돌 마스터〉영상과 퍼퓸의 노래를 매칭하는 것이 유행이 되며 조금씩 인지도가 오르고, 이를 기점으로 조금씩 음악 마니아들과 관계자에게 주목을 받던 시기. NHK의 환경 재활용 캠페인 송으로 선정되어 반복 재생되던 이 곡은, 제목처럼 그 어떤 아이돌 그룹도 시도하지 않았던 폴리리듬(두 개 이상의 서로 다른 리듬 패턴이 동시 연주되는 것)을 시도하며 대중들에게 단단히 눈도장을 찍었다.

당초 기획사는 이 낯선 시도를 반대했던 입장. 이런 상황에서 제작진을 적극적으로 설득하면서까지 이 작품의 발매를 고수했던 나카타 야스타카의 열의는, 결국 퍼퓸을 전국구 그룹으로 올려 놓고야 말았다. 오리콘 차트 7위에 오르며 전작의 9배에 달하는 판매량을 기록했고, 이듬해 발매된 정규 1집 〈GAME〉(2008)은 오리콘 앨범 차트 1위

를 차지했다. 퍼퓸이 일약 최정상급 아이돌 그룹으로 부상하던 순간이 었다. 이후 2025년 12월 31일부로 활동을 중단하기까지, 20년 가까운 시간 동안 이 파트너십은 흔들림 없이 이어졌다. 점차 탈일본적이고 세련된 일렉트로팝으로 진화하며 해외 시장을 공략했던 〈COSMIC EXPLORER〉(2016)와 〈FUTURE POP〉(2018), 레트로한 신스팝과의 조합을 통해 과거를 새로이 복각한 〈ネビュラロマンス(Nebula Romance)〉(2024-25) 시리즈까지, 그야말로 안주를 거부하는 일대기였다.

2011년, 나카타 야스타카는 또 한 번 일본 음악계에 폭탄을 투하한다. 하라주쿠의 스트리트 패션 모델이었던 캬리파뮤파뮤(きゃりーぱみゅぱみゅ)의 데뷔 싱글 'PONPONPON'(2011)이 바로 그것이었다. 형형색색의 세트 안에서 그는 형광색 가발, 거대한 리본, 눈알 모양의 소품과 함께 그로테스크하면서도 귀여운 애니메이션을 동반한 비주얼은 가히 충격적이었다. 강렬한 이미지를 추구했기에 다소 생경한 면도 없지 않았으나, 그 거리감을 단숨에 좁혀주었던 것이 바로 나카타 야스타카 특유의 중독적인 일렉트로 팝 비트였다. 당시로서는 흔치 않게 뮤직비디오를 유튜브에 공개했고, 이것이 미국 MTV에 소개됨과 동시에 팝스타 케이티 페리(Katy Perry)가 트위터로 공유하며 글로벌 인기가 점화되었다. 2025년 현재 조회수가 2억을 돌파했으니, 세계적으로 얼마나 큰 호응을 얻었는지 알 수 있을 것이다.

캬리파뮤파뮤의 히트는 특유의 '카와이 문화'를 세계로 퍼뜨리는데 크게 일조했다. 고유의 개성과 자유로운 표현을 기반으로 여러 이벤트를 개최해 온 기획사 아소비시스템은, 나카타 야스타카의 음악에 캬리파뮤파뮤라는 페르소나를 더해 그 영향력을 글로벌로 확장시키는 데

성공했다. 타인의 시선을 떠나 자신의 취향을 추구하는 애티튜드, 시
각적 충격과 불가사의가 공존하는 미학을 가져와 음악과 패션, 퍼포먼
스로 환원한 것이 바로 'PONPONPON'이었다. 그 독자적인 스타일
은 프랑스에서는 "카와이(かわいい)"라는 일본어로, 영국에서는 "쿨
(Cool)"하고 "멋있다(かっこいい)"는 평가로 퍼져나가는 등 나라마다
각기 다른 방식으로 수용되기 시작했다.

음악을 통한 가능성을 경험한 아소비시스템은 일본 문화의 특

들어볼래? J-POP!

성을 기반으로 글로벌 콘텐츠 제작에 주력, 산하 레이블 카와이 라보.(KAWAII LAB.)를 설립해 프루츠 지퍼나 큐티 스트리트 같은 아이돌 그룹을 통해 유사한 문화 전파 전략을 펴나가고 있는 중이다. 전형적인 일본식 아이돌 스타일에 세련된 곡과 효과적인 SNS 전략을 결합해 유효타의 빈도수를 높여나가고 있다는 점에 주목할 만하다. 그야말로 1세대 캬리파뮤파뮤가 깔아놓은 길 위에서, 2세대 아티스트들이 더 자유롭게 달리고 있는 광경인 것이다.

나카타 야스타카는 "저는 '컴퓨터 음악'이라는 정체성을 갖고 있는 사람입니다."라고 자신을 정의한 바 있다. 다만 명제만 있을 뿐, 그 개념은 본인이 정한다는 철학을 가지고 있는 존재다. 그것이 다수의 곡을 발표하면서도 매너리즘과 자가복제 없이 평균 이상의 완성도를 꾸준히 유지할 수 있는 비결이 아닐까 싶다.

더불어 그가 우리에게 남긴 큰 교훈은, 음악을 통한 로컬리티야말로 가장 강력한 글로벌 언어가 될 수 있다는 것이다. 하라주쿠의 거리 패션, 일본 특유의 카와이 문화, 그리고 애니메이션적 감수성. 이 모든 것들은 얼핏 보면 일본이라는 섬나라 안에서만 통하는 지극히 로컬한 코드처럼 보인다. 하지만 그는 이를 희석시키거나 서구화하기보다는, 이것을 음악적으로 어떻게 엣지 있게 만들 것인가에 골몰했다. 그 결과는 역설적이게도 전 세계적인 공감이었다. 자신의 뿌리를 부정하지 않고 오히려 극대화했을 때, 그것이 보편성을 획득한다는 역설. 이것이 바로 나카타 야스타카가 21세기 대중음악사에 새긴 가장 위대한 족적이 아닐까. 로컬에서 출발해 글로벌에 도착하는 길, 그 길을 그는 누구보다 먼저, 그리고 가장 화려하게 걸어가고 있다.

🎶 추천 앨범

🔊 캡슐(Capsule) 〈World of Fantasy〉(2011)

시기마다 워낙 스타일이 달라 딱 한 장을 고른다는 것이 어렵긴 하지만, 그래도 가장 취향에 잘 맞고 오래 들었던 건 이 작품이 아니었나 싶다. 2000년대 중후반부터 시도해 온 일렉트로하우스 사운드를 기반으로, EDM의 빌드업-드랍 구조를 적극 활용해 카타르시스를 극대화한 '킬러 트랙'이 곳곳에 도사리고 있어 직관적인 매력을 자랑한다.

보컬은 더 이상 멜로디를 이끄는 주체가 아니라 사운드의 일부로 작동, 코시지마 토시코의 목소리가 훅과 샤우트로 최소화되어 신시사이저와 베이스라인 사이에서 또 하나의 악기처럼 기능하고 있다는 점에도 주목. 팝적인 접근에서 벗어나 반복적인 프레이즈를 적극 활용하고, 후렴에는 아예 가창을 제외하는 등 클럽뮤직으로의 완전한 전환을 보여주고 있는 앨범이기도 하다. 일본 일렉트로니카 역사에서 가장 과격하고 실험적인 순간 중 하나로 기록될 만한 야심작이다.

🔊 퍼퓸(Perfume) 〈JPN〉(2011)

위의 〈World of Fantasy〉(2011)와 상극으로, 어느 때보다 완연히 팝적인 방법론으로 접근하는 작품이다. 이 두 작품을 비교해서 들으면, 본인이 운영 중인 프로젝트를 어떻게 이분화하고 있었는지를 명확히 알 수 있을 터. 전작임과 동시에 퍼퓸 붐을 일으킨 〈Game〉(2008)이나 〈△(Triangle)〉(2009)에 비하면 장르뮤직으로서의 매력이 조금은 떨어졌다는 이야기도 있었지만, 대신 재차 신규 지지자들이 유입의 매개체가 되었다는 점에서 이 작품의 의의는 결코 얕지 않다. 멜로디의 직관성과 대중성을 전면에 내세우며, 그가 단순히 한 가지 색깔로만 정의될 수 없는 존재임을 선언하고 있다. 팝과 일렉트로닉 간의 경계를 자유롭게 넘나드는 유연함이 가장 선명하게 드러난 순간.

🔊 캬리파뮤파뮤(きゃりーぱみゅぱみゅ) くなんだこれくしょん(난다 콜렉션)〉(2012)

세계적인 '카와이 문화' 현상을 촉발시킨 건 데뷔작이었지만, 대중적 인기에 불을 붙임과 동시에 음악적으로도 자신을 명확히 어필할 수 있었던 작품은 바로 이 앨범이다. 데뷔 당시의 비주얼 임팩트와 'PONPONPON'의 바이럴 효과가 일종의 기현상처럼 소비되던 상황에서, 이 작품은 그것이 단지 일회성 트렌드가 아닌 음악으로의 가능성을 전제한 콘텐츠임을 증명했다. 나카타 야스타카는 'にんじゃりばんばん(닌쟈리방방)', 'インベーダーインベーダー(인베이더 인베이더)', 'ファッションモンスター(패션 몬스터)'와 같은 히트곡을 쏟아내며 캐릭터와 콘셉트를 구현하는 데에도 능함을 보여주었다. '귀여움'과 '실험성'의 균형점을 탐구해, 하라주쿠 팝 문화의 키치함을 사운드로 번역함으로써 캬리파뮤파뮤가 '인물'과 '현상'을 넘어 아티스트로 기능할 수 있도록 했다. 유치하게 들릴 수 있는 소재를 정밀한 프로덕션으로 승화시키는 그의 역량이 가장 극명하게 발휘된 순간이며, 이후 캬리파뮤파뮤의 디스코그래피가 나아갈 방향성을 제시한 이정표이기도 하다.

밴드에서 엔터테이너로: SNS 시대, 미세스 그린 애플은 어떻게 일본을 제패했나

　요 몇 년 간 가장 인기 있는 일본 아티스트가 누구냐는 질문을 받을 때가 있다. 그 땐 순간적으로 많은 이들이 머리 속을 스쳐가곤 한다. 코로나19를 지나 염원의 돔 투어를 거쳐 명실상부 슈퍼스타로 거듭난 요네즈 켄시. 강철 같은 성대로 미친 듯한 가창력을 내뿜으며 국립경기장에서 이틀 동안 14만명의 관객을 동원한 아도(Ado). 'アイドル(아이돌)'의 히트로 자국을 넘어 글로벌로 자신들의 영역을 넓힌 요아소비. 역시나 'Bling-Bang-Bang-Born'이라는 타이업 곡과 함께 일본의 랩 뮤직을 전 세계에 퍼뜨리고 있는 크리피 넛츠. 그 외에도 바운디, 오피셜히게단디즘, 킹 누(King Gnu) 등 언뜻 훑어만 봐도 수많은 이들이 각축 중임을 깨닫게 된다. 그럼에도 결론은 한 곳에 정착한다. 바로 미세스 그린 애플이라는 압도적인 이름이 떡하니 존재하고 있기 때문이다.

　"그렇게 인기라고?"라고 갸웃할 이들이 있을지도 모르겠다. 분명한 것은, 일본 내에서의 객관적 지표에서만큼은 이들을 이길 자가 없다는 사실이다. 우선 일본 최초로 전체 곡 누적 100억 스트리밍을 기록했다. 일본 음악 시장에서 개별 아티스트가 이 수치에 도달한 것은 전무후무한 일로, 약 10년간 축적된 기록임을 감안하면 그 의미가 더욱 크다. 개별 곡 1억 스트리밍 기록도 2025년 10월 기준 30곡에 달한다. 뒤를 쫓아오고 있는 오피셜히게단디즘이나 바운디와 비교하면 거의 두 배 차이다. 싱글과 앨범 실적의 전체 합산으로 집계되는 빌보드 재팬 아티스트 100 차트에서 2024년부터 2년 연속 1위, 특히 2025년은 Hot 100, Streaming, Hot Albums까지 트리플 크라운을 달성하기도 하는 등, 독보적 점유율을 자랑 중이다.

스트리밍 차트를 매주 확인하는 나로서도 거의 2~3년 동안은 주간 싱글 20위권 내 이들의 곡이 절반 정도를 차지하는 모습은 놀랍다 못해 신기하게 다가왔다. 이러한 과도한 점유율을 우려한 빌보드 재팬은 2025년 하반기부터 이례적인 조치를 취하기에 이르렀다. Hot 100에서는 52주 이상, Hot Albums에서는 26주 이상 차트에 머문 곡의 경우 일정 비율의 스트리밍 점수를 감산하는 '리커런트 규칙'을 도입한 것이다. 즉 장기 차트인 곡의 점수를 줄여 신곡에게 기회를 주겠다는 것인데, 단 한 팀으로 인해 차트 제도 자체가 개편된 셈이다.

해외에 거주하는 이들에게는 이와 같은 사실이 꽤 놀랍게 다가올지도 모르겠다. 그도 그럴 것이, 이들의 인기는 내수에 보다 많은 비중을 두고 있기 때문이다. 물론 우리나라에도 적지 않은 지지자들이 존재한다. 이전부터 유튜브에 한국어 자막이 달린 영상이 여럿 공유되었고, 팬들이 염원해 마지 않았던 이틀간의 내한 공연 역시 약 1만여 명의 관객을 동원하기도 했다. 본인들 역시 데뷔 10주년을 맞아 자신의 팬덤을 해외로 확장하려는 움직임을 본격적으로 추진하고 있는 시점이기도 하다.

지금은 3인조로 활동 중이지만, 이들의 시작은 5인조였다. 내가 그들을 처음 접한 것은 메이저 데뷔작인 미니 앨범 〈Variety〉(2015)를 통해서였는데, 결과론적인 이야기지만 스펙터클하면서도 대중적인 선율을 꽉 잡고 있는 리드곡 'Start'에서부터 이미 성공의 조짐이 보이던 팀이었다. 이후 EDM의 요소를 도입한 'WanteD! WanteD!'(2017), 지금은 시즌 송으로 완연히 자리잡은 '青と夏(푸름과 여름)'(2018), 불안함이 넘쳐나는 시대 속 가장 의미 있고 소중한 것은 있는 그대로의 자신임을 알려주는 '僕のこと(나라는 것)'(2019) 등 점차 상승세를 타며 순조롭게 그 항해를 이어갔다. 그렇게 2019년 아레나 투어를 완수한 뒤, 갑작스레 들려오는 것은 '페이즈 1'을 완결한다는 일종의 활동 중단 선언이었다.

당시에도 굉장히 의아했던 기억이 난다. 남들은 타지 못해 안달인 상승 기류에서 왜 스스로 하차하려는 걸까. 지금 생각해보면 톱 밴드의 반열에 오르는 전형적인 루트를 당사자들보다 내가 오히려 더 먼저 그리고 있었던 건 아니었을까 싶다. 굳을 대로 굳어 버린 내 고정관념이 어디로든 날아갈 수 있는 밴드를 비루한 상상력에 묶어 두었던 셈이다.

이후 약 1년 반이라는 시간을 거쳐, 새로운 로고 마크와 함께 오모리 모토키(大森 元貴), 후지사와 료카(藤澤 涼架), 와카이 히로토(若井 滉斗)의 3인 체제로 재편함과 동시에 일신한 정체성을 내세운 싱글

'ニュー・マイ・ノーマル(뉴 마이 노멀)'(2022)로 '페이즈 2' 개막을 선언했다. 페이즈 1과 페이즈 2의 차이는 명확했다. 페이즈 1이 '밴드로서의 성장'에 집중했다면, 페이즈 2는 보다 친숙한 '엔터테인먼트'를 지향했다. 에서 그 차이가 명확히 드러나는데, 기타 사운드 중심에서 벗어나 신스, 브라스, 스트링을 적극 활용, 악기를 내려두고 안무를 선보이는 'ダンスホール(댄스홀)'(2022)은 그 정체성 전환을 보여주는 상징적인 결과물이다. 동시에 보다 세련되고 다채로운 아트워크, 영화적 연출의 뮤직비디오, 적극적인 미디어 노출이 시작되었다. '밴드'에서 '엔터테이너'로의 역할 전환이었다.

이들의 인기는 2023년을 기점으로 궤도에 오르며 거의 매달 히트곡을 탄생시켰고, 차트는 그들의 노래로 가득 차기에 이르렀다. 2025년엔 데뷔 10주년을 기념해 애니버서리 베스트 앨범 〈10〉을 선보였고, 이틀간 10만명을 동원하는 공연 〈MGA MAGICAL 10 YEARS ANNIVERSARY LIVE ~FJORD~〉를 개최. 이 기세는 55만명 규모의 5대 돔 투어까지 이어졌다. 쉴새 없는 고점 갱신이었다.

이들의 히트 요인을 명확히 분석하기는 어렵다. 지금에 와 이야기해본들 결과론적인 이야기일 것이 뻔하기 때문이다. 그럼에도 몇 가지 언급해보자면, 우선 '밴드'라는 형태에서 벗어나 '엔터테인먼트 그룹'을 지향했다는 점을 꼽고 싶다. 앞서 언급했듯, '페이즈 1'와 '페이즈 2' 사이의 간격은 바로 이 태세전환을 위해 필요했다는 것이 개인적인 중론이다.

기존 밴드들의 패턴인 음반발매와 라이브 중심의 활동에서 벗어나, 보다 적극적으로 미디어 노출에 응하며 일반 대중과의 거리감을 좁혔

다는 점이 국민적 인기를 누릴 수 있었던 가장 큰 요인이라 언급할 수 있다. 예를 들어, 오모리 모토키는 영화 주연배우로 출연하는가 하면, 와카이 히로토와 후지사와 료카 역시 활발히 버라이어티 프로그램에 출연 중이다. 아이돌 그룹 프루츠 지퍼와 함께 '私の一番かわいいところ(나의 가장 귀여운 점)'(2022)를 협연하며 장난스러운 퍼포먼스를 펼치는 모습 역시 화제가 되기도 했다. 앞서 쟈니스의 스맙(SMAP)이나 아라시(嵐)가 이런 예능 프로그램으로 얻은 인지도를 음악활동에 대한 인기로 환원해 낸 것처럼, 그 방법론이 2020년도의 흐름에 맞게 재현되고 있는 것이 바로 미세스 그린 애플 돌풍의 반석이라고도 할 수 있을 것이다.

물론 이러한 미디어 노출이 실효를 거둔 것은 음악 자체의 힘 덕분이다. 이들의 노래는 그냥 듣기에도 '직관적으로 좋은' 음악을 지향한다. 가사 또한 일본 특유의 정서적 표현과 구체적 이미지를 결합하고 있다. '僕のこと(나라는 것)'의 '있는 그대로의 자신을 사랑하자' 같은 직접적 메시지부터, '青と夏(푸름과 여름)'의 여름날 추억을 통해 청춘을 이야기하는 우회적 서정까지. 바쁜 일상 속에 어쩔 수 없이 흘려보내는 감정을 예리하게 캐치해 낸, 10대부터 70대까지 각자의 방식으로 공감할 수 있는 보편적인 메시지성을 내뿜는다.

여기에 오모리 모토키의 가창력은 이 설득력을 끌어올리는 역할을 한다. 단순히 '잘한다'를 넘어 마음을 뒤흔드는 감동으로 전달 가능한 진정성 어린 음색은 누가 들어도 호불호 없을 영역에 안착하고 있다. 이들의 음악은 특정 세대만을 타깃으로 하지 않기에, 다양한 미디어 노출을 통해 창출한 인지도를 모두 밴드의 팬으로 흡수할 수 있는 것이다. 현지에서도 부모 세대의 팬이 급증하고 있는 것을 특징으로 듦과 동시에 "자녀가 자주 듣기에 영향을 받았다"라든가 "가사 자체의 메시지가 좋다"라는 의견들이 이를 증명한다.

여기에 추가로 들 수 있는 것이 작품 발매 텀의 측면이다. 이들은 최대한 차기 작품 발매 시기까지의 공백을 최소화하며 노출도를 높이는 전략을 택했다. 무엇보다 2024년 5개월 연속 릴리즈와 2025년 6개월 연속 릴리즈가 일상 속에 자신들의 음악이 울려퍼지는 환경을 구축하는 데 일등공신이었다고 할 수 있다. 더욱이 2023년부터 선보인 거의 모든 싱글이 영화와 드라마, 애니메이션, CM 등의 주제가로 타이업되었다는 점, 전반적인 프로세스를 효율화하기 위해 CD 제작 자체를 배제했다는 점도 특기할 만하다. 이와 같은 흐름 속에서 대중들은 매달 루틴하게 미세스 그린 애플의 신곡을 찾아 듣게 되고, 조금씩의 편차는 있을지언정 발표하는 족족 모두 상위권에 랭크되는 쾌거를 올리고 있다. 미세스 그린 애플의 음악을 그야말로 사람들의 '생활 습관'으로 정착시킨 셈이다.

흥미로운 점은 이것이 '과거 곡'의 지속적인 발굴로 이어지고 있다는 사실이다. 이미 장기 스테디셀러로 자리 잡은 'ライラック(라일락)'(2024)와 'Soranji'(2022) 외에도, 상위권에 올라 있는 이들 곡의 면면을 보면 발매 시점이 다양하다는 사실을 알 수 있다. 'ケセラセラ(케세라세라)'(2023), '青と夏(푸름과 여름)'(2018), '点描の唄(점묘의 노래) (feat.이노우에 소노코(井上苑子))'(2018), '僕のこと(나라는 짓)'(2019), 'ダンスホール(댄스홀)'(2022), 'Start'(2015) 등. 대충만 살펴봐도 '신곡'이나 '구곡'에 관계없이 동시대적인 감각으로 소비되고 있음을 알

수 있다. 이는 스트리밍 신이 정착하며 언제든지 예전의 작품을 플레이할 수 있는 환경이 되었음을 알려줌과 동시에, 그만큼 밴드의 팬덤이 커졌음을 알 수 있는 대목이다. 우리나라 음원 차트에서 KPOP 그룹 팬덤의 입김이 크게 작용하고 있는 것과 유사하다는 해석도 가능하다.

미세스 그린 애플은, 모두가 '일본 밖'을 지향하는 음악과 활동 방식을 보일 때 끝까지 '내수의 방법론'으로 성장한 이들이다. 메시지성이 강한 가사, 복잡 다단한 멜로디 전개 방식, 일본 대중에게 친숙한 프로모션 방식 등, 지금의 세대뿐 아니라 과거 미스터 칠드런과 같은 팀을 좋아했던 세대도 이들에게 정착할 수 있는 이유는 바로 이들의 활동 실루엣이 '일본 음악 신에서 익히 보아왔던 익숙한' 그림인 덕분이다. 지금과 같은 파편화된 미디어 환경에서도, 어찌 보면 결국 국민적 스타 탄생의 열쇠는 TV와 같은 레거시 미디어가 쥐고 있음을 깨닫게 된다. 우리나라 역시 인디 밴드가 유명해지기 위해서는 예능 프로그램 출연이 필수로 여겨지던 경향과 유사하다고 할 수 있다.

다만 신인급이 미디어에 의존할 경우, 자신들의 정체성이 제작진에 의해 왜곡될 수 있다는 점이 가장 큰 리스크 일 것이다. TV에서 소개된 특정 곡만으로 본인들이 정의되거나, 원치 않은 캐릭터를 부여받으며 희화화 되는 모습이 기존의 팬들의 이탈을 초래할 뿐더러 향후 밴드의 미래에도 적지 않은 영향을 끼치기 때문이다. 팀은 그 지점에서 균형을 잡는 데 성공했기에 지금의 위치에 오를 수 있었다. '페이즈 1'을 통해 쌓은 인기를 기반으로, 미디어 노출에 적극적으로 응하되 의도된 이미지가 대중에게 비춰질 수 있도록 리드를 잡는 것. 이것이 핵심이었다고 본다. 내한공연 취재 당시 기사에 대한 소속사 측의 데스킹이 꽤나 까다로웠던 것으로 기억하는데, 이와 같은 철저한 매니지먼트가 지금의 그들을 만든 반석이 아닐까라는 것이 개인적인 판단이다.

점점 사라져가는 '전 세대를 포용하는' 스타가 사라져가는 시점에서, 미세스 그린 애플의 사례는 '우리나라 대중음악 신의 국민적 스타'가 새롭게 태어날 수 있을지에 대한 의문 반, 기대감 반을 가지게끔 하기도 한다. 현재 한국 음악 시장은 KPOP의 글로벌 성공에 집중되어 있다. 해외 팬덤을 겨냥한 음악, 영어 가사의 비중 증가, 글로벌 스탠다드에 맞춘 사운드 등. 물론 이것이 잘못되었다는 게 아니다. 다만 미세스 그린 애플의 성공은 '로컬의 방법론'으로도 압도적 성공이 가능함을 증명한다.

우리의 정서, 우리의 언어, 우리의 이야기로 전 세대를 아우르는 음악을 만드는 것. 물론 양국의 시장환경엔 상당한 차이가 존재하지만, 그럼에도 이것이 지금도 유효한 전략이 될 수 있음을 보여주고 있는 것은 틀림없는 사실이다. 글로벌과 로컬, 대중성과 음악성, 미디어 노출과 정체성 유지. 다양한 요소들을 겹쳐 찾아낸 절대적 기준점. 그들은 이렇게 대중음악이 나아갈 수 있는 이정표를 지속적으로 만들어 나갈 것이다. 바로 2026년부터 새롭게 시작될 페이즈 3가 기대되는 이유이기도 하다.

🎵 추천 앨범

🔊 미세스 그린애플(MRS.GREEN APPLE) 〈ENSEMBLE〉 (2018)

밴드의 페이즈 1의 완성을 엿볼 수 있는 작품. 단순한 록 밴드에서 벗어나 보다 복합적인 음악 세계로 나아가는 전환점이기도 하다. 소절마다 악기 편성을 완전히 바꾸며 새로운 팝을 조립해가는 'Party', 웅장한 오케스트레이션이 빛나는 'Love me, Love you', EDM을 접목하며 훗날 자신들의 모습을 이르게도 스케치했던 'WanteD! WanteD!', 소규모 편성의 재즈풍의 음악이 나즈막하게 울려퍼지는 'Coffee'까지. 아직 10대 후반에서 20대 초반이었던 멤버들의 패기와 실험정신이 곳곳에 묻어있으면서도, 동시에 대중성을 놓치지 않는 균형감각은 이미 이 때 완성되어 있었음을 확인할 수 있는 대목. 페이즈 2에서 보여줄 음악적 진화의 청사진이자 5인조 체제 미세스 그린 애플의 정점과도 같은 앨범이다.

🔊 미세스 그린애플(MRS.GREEN APPLE) 〈ANTENNA〉 (2023)

휴식기와 멤버 재편이라는 격변을 거친 후 맞이한 페이즈 2 첫 정규 앨범으로, 본인들이 직접 팝스타로서 정점에 오를 준비가 끝났음을 선언하는 결과물로 자리하고 있다. 음악적 스펙트럼은 한층 확장되었는데, 파워 팝과 얼터너티브 록의 기반 위에 댄스 뮤직과 정교한 팝 사운드, 일렉트로닉과 오케스트라 색채가 더욱 세련되게 어우러진다. 음악적 스펙트럼이 더욱 확장되었음을 알 수 있는 수록곡들이 듣는 이의 귀를 더욱 즐겁게 하며, 무엇보다 경쾌한 멜로디 아래 담긴 고독과 희망, 현대를 살아가는 이들의 현실적 고민과 낙관적 메시지가 절묘한 밸런스를 보여준다. 이들이 단순한 록 밴드가 아닌 시대를 대표하는 국민적 아티스트로 성장한 순간을 목격하고 싶다면, 이 앨범에서 시작하면 된다.

미세스 그린애플
ENSEMBLE

귀여운 것만으로는 안 되나요?
- 각자의 개성으로 승부하는 레이와 시대 걸그룹

여태껏 JPOP을 접해왔던 시간들을 회고해본다면, 일본 여성 아이돌 신은 유독 '원 톱 체제'의 분위기가 강했던 것 같다. 대학생 시절 바다 건너는 그야말로 모닝구무스메(モーニング娘。)에라였다. 당시 나는 사실상 일반인 코스프레에 실패한 모닝구무스메 오타쿠에 가까웠다. 매주 방영되는 고정 프로그램을 어떻게든 구해서 시청하고, 난생처음 간 일본여행 역시 그들의 라이브 관람이 목적이었다. 친구들에게도 그런 취향을 굳이 숨기지 않았으며 심지어 노래방에 가서도 맞지도 않는 음역대에 악을 써가며 목소리를 겹쳐내곤 했었다. 어찌 보면 흑역사라 해도 과언은 아닐 듯하다.

당시 모닝구무스메는 굉장히 혁신적인 아이돌 그룹이었다. '프로모션 5만장 싱글 완매'를 데뷔 조건으로 내세운 뒤 그 고군분투를 TV 버라이어티 방송으로 가감없이 공개했고, 이것이 많은 대중의 관심을 모으며 '아이돌에게는 서사가 필요하다'는 명제를 수면 위로 끌어 올

렸다. 더불어 시청자들이 피로감을 느낄 때쯤 기존 멤버를 졸업시키고 오디션을 개최해 새로운 인물을 합류시켜 화제성과 캐릭터성을 동시에 잡는 영리한 전략을 구사했다. 오냥코 클럽(おニャン子クラブ)에 이어, 유닛이라는 개념을 본격 활용한 것 역시 이들이었다. 이 과정에서 일본의 아이돌 신은, 사람들에게 즐거움을 선사하는 엔터테인먼트성에 더욱 집중하게 된다. 이 '아마추어의 성장 서사'의 기조는 이후 2000~10년대의 패권을 잡는 AKB48과 노기자카46(乃木坂46)로 이어진다.

다만 역시 트렌드는 돌고 도는지, 비슷한 유형의 아이돌에 다소 지친 이들이 다른 선택지를 찾음으로써 전통적인 '독식 구조'가 무너지기 시작한 것이 약 2010년대 중반부터의 흐름으로 기억된다. 그 파이를 나눠가졌던 것이 라이브를 중심으로 두각을 나타냈던 모모이로클로버Z(ももいろクローバーZ)와 일렉트로니카 기반의 팝뮤직과 세련된 안무로 무장했던 퍼퓸. 이 두 팀은 캐릭터나 서사 중심의 활동에서 벗어나 음악과 무대의 완성도에 주력하며 미개척 영역을 주도적으로 이끌어 갔다. 이를 기점으로 다양한 팀들이 주목받기 시작, 대중들은 아이돌에도 각기 다른 개성이 존재함을 깨닫고 적극적으로 자신에게 맞는 팀을 물색했다. 2025년 현재는 그야말로 춘추전국시대. 헤이세이 연호가 막을 내린 지 6년, 레이와의 아이돌들은 각기 다른 무기로 활발히 세력 다툼에 참여 중이다.

그렇다면 이 시기에 두각을 보였던, 혹은 보이고 있는 팀들을 몇 곳 소개해 볼까 한다. 우선 '악기가 없는 펑크 밴드' 빗슈(BiSH)다. 이미 2023년 해산해 각자의 분야에서 활동하고 있는 상황이지만, '아이돌'

이 가진 기존 개념을 배제한 뒤 그 안에 자유를 불어 넣은 공적은 결코 사라지지 않는다. 2015년 데뷔 후 한 이벤트에서 한 곡만 9번 연달아 부른다거나, 100km 마라톤에 도전한다거나 하는 여러 과감한 프로모션을 통해 조금씩 이름을 알리더니, 'PAiNT it BLACK'(2018)으로 첫 오리콘 차트 1위를 차지하며 본격적인 상승세를 타기 시작했다. 메인 프로듀서 마츠쿠마 켄타(松隈 ケンタ)를 중심으로, 록 위주의 디스코그라피가 라이브 중심의 활동과 그 움직임을 함께 하며 기존의 통념을 더욱 과격하고도 통렬하게 파괴해 갔다.

이 팀이 지금도 경이롭게 느껴지는 것은, 아이돌 그룹이기에 당연히 가지게 되는 고정관념과 같은 측면이 전혀 감지되지 않았다는 점이다. 무대에서 그대로 쓰러져 버릴 것만 같은 라이브의 비장함, 뛰어난 안무 실력이 아님에도 충분히 관객을 압도하는 카리스마, 여기에 각 멤버마다 뚜렷한 개성을 지닌 '따로 또 같이'에 가까운 특유의 정체성 또한 팀이 반드시 '하나로 보이지 않아도' 상관없음을 말해주고 있었다. 굳이 희망을 언급하지 않는, 더불어 기성세대에게 아낌없이 가운데 손가락을 날리는 가사 또한 자신들의 에고를 굳건히 하는 요소로 작용했다. 2020년 이후로는 단독 라이브뿐만 아니라 여러 록 페스티벌에서도 러브콜을 받으며 완연히 록 팬들의 인정을 받는 아티스트로 성장. 박수칠 때 떠나라는 말처럼 2023년 도쿄돔 공연으로 유종의 미를 거뒀다. 그들이 제시한 새로운 아이돌 상이 전설로 불리우도록 스스로 그 이름을 봉인한 셈이다.

보다 실력을 앞세운 그룹도 눈에 띈다. 2024년 〈원더리벳 페스티벌〉을 찾은 리틀 글리 몬스터(Little Glee Monster)의 퍼포먼스는, 굉장히 인

상깊었던 순간으로 남아있다. 〈포켓몬스터 XY〉의 엔딩 테마인 'ガオ ガオ·オールスター(가오가오 올스타)'(2015)로 처음 주목받았던 만큼, 〈일곱개의 대죄〉, 〈천수의 사쿠나히메〉 등에 이어 2025년에도 애니메이션 〈록은 숙녀의 소양이기에〉에 타이업 되는 등 연차가 쌓여갈수록 더욱 안정되고 원숙한 모습을 선보이는 중. 멤버 전원이 주목할 만한 개인 보컬 능력을 소유하고 있음과 동시에 놀라운 하모니를 보여줄 수 있다는 것이 이들의 가장 큰 강점으로, 라이브에서의 완성도는 기존 아이돌 그룹과는 확연히 구별될 정도로 자신들의 중심을 '노래'에 두고 있는 팀이기도 하다.

비교적 최근, 전통적인 '일본 아이돌'의 매력으로 사랑을 받는 팀도 있다. 바로 프루츠 지퍼와 큐티 스트리트. 이 팀들은 앞서 언급했듯 '카와이 문화'를 세계에 알리는 데 일조했던 캬리파뮤파뮤를 제작한 기획사 아소비시스템의 산물이다. 발랄하고 귀여운, 여기에 생생한 컬러감을 더한 패션으로 무장해 독자적인 팝 컬처를 세계에 전파하고자 하는 산하 프로젝트 카와이 라보.가 SNS와 숏폼을 무기로 캐주얼하게 자신들의 세계를 알려나가고 있는 중. 돌풍의 시작을 연 것은 프루츠 지퍼로, 'わたしの一番かわいいところ(나의 가장 귀여운 점)'(2022)가 틱톡을 중심으로 화제가 되어 1억 스트리밍을 달성하고, 기세를 이어 2024년 부도칸 단독 공연을 개최함과 동시에 'NEO KAWAII'의 뮤직 비디오 조회수가 천만회를 돌파하는 등 잘파세대에게 친숙한 SNS 위주의 전략을 활용해 빠르게 그 성장세를 이어나가고 있다.

르세라핌(LE SSERAFIM)의 멤버 홍은채가 일본의 음악방송에서 선보인 'かわいいだけじゃだめですか？(귀여운 것만으로는 안 되나요?)'(2024)를 통해 우리나라에서도 밈이 된 큐티 스트리트는 '자기 긍정감'에 주목하는 잘파세대 의식에 적극적으로 호소하며 인지도를 높여가고 있다. 어쨌든 두 팀이 구가하고 있는 인기의 핵심에는 숏폼이라는 스낵 컬쳐가 기반이 되어있으며, 동시에 몇 년 전 유행했던 허니웍스(HoneyWorks)의 '可愛くてごめん(귀여워서 미안)'(2022)을 통해 촉발된 '자기 자신을 있는 그대로 사랑하자는' 행동양식을 발 빠르게 차지하며 일궈낸 성공이라 말하고 싶다. 그 밖에 초도키메키센덴부(超ときめき♡宣伝部), 큐루린시테미테(きゅるりんってしてみて) 등도 틱톡에서 존재감을 드러내며 현재 주목받는 걸그룹으로 언급할 수 있을 것이다.

이처럼 레이와 시대의 일본 아이돌 신은 더 이상 하나의 공식만을 따르지 않는다. 각자의 개성과 음악적 방향성으로 무장한 다양한 그룹들이 서로 다른 팬층을 확보하며 공존하는 시대다. 생각해 보면 뉴타입의 팀들이 일본 음악 시장의 지분을 새로이 획득한 상황에서, 내수 특화로 여겨질 법한 스타일의 그룹은 오히려 글로벌 팬들의 환영을 받고 있는 요즘이 아닌가 싶다. 이와 함께 대중은 더 이상 주변의 반응에 기대지 않는다. 오히려 전력으로 그리고 전적으로 자신의 취향에 의존해 콘텐츠를 선택하고 소비하는 시대로 접어들었다는 확신을 최근 일본의 아이돌 신을 보며 깨닫는다. 이러한 변화의 물결 속에서, 레이와 시대의 아이돌들은 그 어느 때보다 다채롭고 선명한 자신만의 색채를 펼쳐 보이고 있다. 각자의 개성이 온전히 인정받는 새로운 시대의 주인공으로 당당히 자리매김하기 위해서.

 **추천 앨범**

◀) 빗슈(BiSH) 〈Brand-New Idol Shit〉(2015)

어떤 앨범으로 입문한다 한들 결국 이 작품으로 집결할 수 밖에 없는, 이들의 오리지널리티를 구축한 기념비적인 데뷔작이다. 밴드 버즈세븐투(Buzz72+) 출신인 프로듀서 마츠쿠마 켄타의 지휘 아래, 때로는 뜨겁게, 때로는 냉소적으로, 때로는 처절하게, 때로는 따스하게 전개되는 이들만의 록 사운드가 이르게도 정립되어 있다. 활동 중 줄곧 라이브에서 사랑받은 'BiSH-星が瞬く夜に(별이 빛나는 밤에)'와 'サラバかな(작별이려나)'를 비롯, 명확한 콘셉트로 무장한 트랙들이 러닝타임 내내 귀를 즐겁게 할 것이다.

◀) 프루츠 지퍼(FRUITS ZIPPER) 〈NEW KAWAII〉(2024)

이 그룹을 언뜻 보면 비주얼이 앞서있는 것처럼 보이지만, 이 작품을 접한다면 의외로 음악적인 날이 바짝 서 있다는 것이 느껴질 것이다. 데뷔곡인 'わたしの一番かわいいところ(나의 가장 귀여운 점)'은 우연히 숏폼에 얻어걸린 히트가 아닌, 디스코 뮤직에 기반한 탄탄한 송 라이팅과 더불어 아이돌과 팬의 관계성을 센스 있게 표현한 가사가 조화된 '노래의 힘'에 상당 부분 기대고 있다는 사실을 강조하고 싶다. 여기에 타이밍 좋게 재차 상승세를 견인한 'NEW KAWAII'는 좀처럼 거부하기 힘든 캐치한 후렴구의 선율을 무기로 대중들을 무장해제 시키며 일본 레코드 대상 최우수 작품상을 수상하는 영예까지 누렸다. 이처럼 이들의 매력은 '음악과 동반하기에 가능하다'는 사실을 가볍지 않게 증명하고 있는 작품이라 해도 과언은 아닐 듯.

일본 음악의 미래
- 호시노 겐의 <Gen>과 후지이 카제의 <Prema>로 바라보는 보편성의 재정의

앞선 내용을 통해 최근 몇 년간 일본 음악이 글로벌 영향력을 키워 가는 과정에 있으며, 이에 맞춰 그 속성이 변해감과 동시에 관계자들 역시 JPOP을 새로이 정의하려는 흐름임을 감지했을 것이다. 트렌드를 선도하는 각국의 SNS 네이티브 세대는 OTT를 통해 이전보다 적극적으로 일본 콘텐츠를 소비하며, 특히 각자의 취향을 존중받는 시대로 나아가면서 소비 규모 역시 급증하고 있다. 요네즈 켄시 역시 어느 한 인터뷰에서 한국 팬이 "내가 좋아하는 것을 좋아해도 괜찮다고 느껴지는 것이 기쁘다"라고 이야기했던 적이 있음을 언급한 바 있는데, 이 부분이 현재 한국 내 일본 음악의 위치를 명확히 보여주고 있지 않나 싶다.

이와 같은 변화는 비단 대중에게만 국한되지 않는다. 생각해 보면 아티스트 역시 대중의 한 부류다. 시대에 맞춰 음악 환경이 바뀌었으니 프로 지망생들이 택하는 장르나 요소가 달라질 수밖에 없는 셈이다. 개인적으로 체감하는 가장 큰 변화는 역시 서치모스의 등장 이후다. 음악을 넘어 라이프스타일을 아우르는 'Stay Tune'(2016)의 골격에 있었던 것은 바로 애시드 재즈와 블랙뮤직이었다. 이후 이들에게 영향받아 직선적인 기타 록에서 벗어나 여러 하이브리드 뮤직을 추구하는 후배 밴드들이 기하급수적으로 늘어났음은 현재 활동하는 팀들을 통해 쉽게 확인할 수 있다.

이 시기 즈음 다소 늦은 감이 있지만 일본 내 스트리밍 서비스가 점점 자리를 잡아가고 있던 상황이기도 했다. 제약이 있었던 음악 청취 환경은 비약적으로 편리해졌다. 음악 애호가들에겐 마음껏 디깅할 수 있는 자유도가 각자의 손에 쥐어졌다. 이를 통해 음악에 대한 보다 큰 포용력을 갖출 수 있었다는 점이 뮤지션들에게 있어 이전과 다른 스타일을 과감하게 지향할 수 있었던 계기가 되었다.

기존의 JPOP이 서양 음악을 토대로 하되 강한 로컬라이징을 통해 그 루츠를 명확히 드러내지 않은 '내수 위주'의 음악이었다면, 이처럼 최근의 여러 신예들은 현지화라는 필터링 없이 여러 국가의 팝 트렌드를 이식해 일본에 국한되지 않은 월드 와이드 지향의 정체성을 구축하고 있다. 다양한 음악을 무한히 접할 수 있는 시대 속에서 구축된 뮤지션과 대중 간 상호신뢰 덕분에 가능해진 일이라고 할 수 있을 것이다.

이렇게 '내수'라는 필수요건이 점차 희미해져 가는 상황에서, 일본 음악이 지향하는 미래는 어디일까. 과연 현 시점에서 JPOP이 가진 보편성은 어떻게 재정의되고 있을까. 이 시점에서 그 힌트가 될 만한 작품이 2025년에 연달아 나온 것은 우연이 아니라고 본다. 햇수로 7년만에 새 앨범을 선보인 멀티 엔터테이너 호시노 겐(星野.源)의

〈Gen〉(2025), 애초에 남들과 다른 길을 걸었던 싱어송라이터 후지이 카제의 〈Prema〉(2025)가 그것이다. 각각 상반기와 하반기에 시차를 두고 나온 두 작품은, '국경'이라는 개념을 완벽히 해체함으로써 서양음악과 일본 음악, 나아가 아시아음악의 구분을 무의미하게 만드는 결과물을 보여주고 있다는 점에서 그 공통점을 찾을 수 있다.

우선 호시노 젠의 〈Gen〉부터 살펴보면, '내수 중심'이라는 전통이자 공식으로부터 완전히 자유로워진 모습을 엿 볼 수 있다. 〈Pop Virus〉(2018)의 대성공 이후 찾아온 압박과 상실감 속에서, 그는 슈퍼올가니즘(Superorganism), 펀피, 톰 미쉬(Tom Misch) 등 이질적인 스타일의 뮤지션들과 작업한 EP 〈Same Thing〉(2019)을 계기로 새로운 창작의 즐거움을 발견한다. 이어 코로나19 시기 DAW 작업에 몰두하며 만든 '創造(창조)'를 거쳐, 완연한 트랙메이커로 변모한 모습을 선보였다. 기타를 들고 작업하던 과거와 결별하고, 맥(Mac) 앞에서 무수한 시행착오를 거듭하며 '리스너로서의 자신을 즐겁게 하는' 음악을 만들어가기 시작한 것이다. 루이스 콜(Louis Cole)의 드럼을 가공한 'Glitch', 5년간 수정을 거듭한 'Eureka', 뉴잭스윙의 둔탁함에 상냥함을 덧씌운 'Why' 같은 트랙들은 전달에 대한 의지를 내려놓고 작업 그 자체에 몰두한 그의 여정을 고스란히 담아낸다. 이부터가 자신의 의도를 전달하는 데에 큰 목적성을 가진 종래의 일본 음악과 현격한 차이를 보여주는 부분이기도 하다.

무엇보다 〈Gen〉이 제시하는 가장 중요한 방향성은 국경과 장르의 완전한 탈피다. 이영지가 참여한 '2 (feat. Lee Youngji)'는 한국어, 영어, 일본어 3개 국어로 '둘이 하나로 수렴된다'는 메시지를 전개하지만,

본질은 언어가 아닌 두 뮤지션 간의 따스한 하모니를 통해 전달된다. 'Memories (feat. UMI, Camilo)'는 같은 선율을 영어, 일본어, 스페인어로 동시 전개하며 음악이 특정 장소에 묶일 수 없음을 증명하고, 'Mad Hope (feat. Louis Cole, Sam Gendel, Sam Wilkes)'는 입체적인 퓨전 재즈 사운드로 국가라는 장벽을 무너뜨린다.

이와 같이 수록곡들은 단순히 '일본 음악'이라고 언급하기에는 훨씬 고차원적이고 입체적인 영역으로 나아갔음을 느낄 수 있다. 이것은 그저 외국어를 사용했거나 영미권 트렌드를 차용했다는 이유로 설명될 수 없다. 어떤 언어로 불리든 전혀 상관없는 보편성의 영역에 진입했기 때문이다. 일본이 고집해 왔던 "세계에서 주목받는 일본인 아티스트"라는 명제가 서구권에 대한 컴플렉스를 대놓고 드러냈다면, 모든 제한을 없앤 채 과정에 몰두한 이 보더리스 뮤직이 오히려 태연하게 글로벌함을 지향하고 있는 셈이다. 어떻게 보면, 일본 음악의 재정의는 '싱어송라이터'의 재정의이기도 하다. 디지털 환경 속에서 세계 각국의 뮤지션과 함께하며 새로운 방향성을 제시하고 있는 호시노 겐의 모습. 이 방법론에서 향후 일본 음악, 나아가 전 세계 대중음악의 청사진이 보다 구체적으로 보이는 듯하다.

한편 후지이 카제의 〈Prema〉는 보다 직접적인 방식으로 새로운 보편성을 구축한다. 이 앨범의 핵심은 단순히 서양 음악을 '레퍼런스'하는 것이 아니라, 아시아 아티스트가 그 자체로 1970~80년대 아메리칸 팝의 역사로 잠입하고자 하는 시도에 있다. 그는 음악잡지 〈MUSICA〉의 인터뷰에서 "이 앨범은 애초에 1970년대, 1980년대, 1990년대의 클래식한 곡들로부터의 인스파이어를 숨김없이 드러내고자 만들었다"고 밝히기도 했다. 음악웹진 리얼 사운드(Real Sound)의 라이터 모리 토모유키(森 朋之) 역시 이 앨범에 대해 "80's 소울/알앤 비의 현대 해석에 대한 최고의 답변"이라 언급하기도 했다. 일본 음악 신의 일원임에도 영미 음악 신의 '재현'이 아닌 '그 자체'가 되겠다는 애티튜드. 이 역시 역설적으로 새로운 바람을 불어넣고 있는 대목이다.

이 과정에서 우리에게 나름 친숙한 이름이 등장하는데, 바로 뉴진 스의 프로듀서를 맡으며 일약 자신의 존재감을 드러낸 한국의 이오 공(250)이다. 전곡 프로듀싱을 맡은 그의 역할은 단순한 조력자를 넘 어선다. 화성 진행 설계를 기반으로 작업을 해왔던 후지이 카제가 'Hachikō'에서 처음 멜로디 메이킹 없이 비트를 두고 자유롭게 선율 을 구축해 나가는 탑 라이너 방식의 작업을 시도할 수 있었던 것도, 이 오공과의 작업이기에 가능했던 일이기도 했다. 어떻게 보면 비트와 보컬의 즉흥적 상호작용을 통해 완성되는 KPOP 특유의 제작 방식 을 적극 도입한 것이기도 하다. '80's 아메리칸 팝이라는 밑그림에, 양 국 음악이라는 물감을 섞어 어색함 없이 채색해낸 작품, 그것이 바로 〈Prema〉라는 앨범의 정체다.

양국의 뮤지션의 협업 형태를 새로이 제안하는 이 프로젝트는, 전에 없던 파트너십을 구현함과 동시에 한국과 일본의 음악 신이 일정 부분 동기화되어 가고 있음을 보여준다. KPOP의 경우 일본에 일방적으로 전파된 경향이 컸다고 할 수 있지만, 적어도 싱어송라이터 신에서는 상호작용의 측면이 더욱 커질 것이라는 암시이기도 하다.

특히 〈Prema〉가 전곡 영어 가사임에도 자국 내에서 큰 이질감 없 이 수용되고 있는 현상 또한 의미심장하다. 미디어 환경과 음악 청취

방식의 변화는 국경을 더욱 희미하게 만들고 있으며, '영어 가사' 역시 일본 음악이 가진 하나의 형태로 자연스럽게 받아들여져 가고 있다는 해석이 가능하다. "해외 대중들을 타깃으로 해서"가 아니라 "자신의 음악을 보다 이상적으로 전달하기 위해"라는 접근 방식은 호시노 겐의 사례와 같이 서구권에 대한 컴플렉스를 초월하고 있다고 말할 수 있다. 결국 호시노 겐과 후지이 카제가 각자의 방식으로 도달한 지점은 같다. 개인의 진정성을 통해 구축한 새로운 보편성. 그것이 바로 현재 JPOP, 그리고 그 신에 속해 있는 싱어송라이터를 비롯한 뮤지션들이 나아가고자 하는 미래가 아닐까 조심스럽게 예측하고 있다.

　일본 음악 신의 지형도가 아직도 '갈라파고스'와 같다는 분석은 이제 무의미하다. 실제로 갈라파고스라 한들, 물리적인 거리는 이제 아무런 제약이 되지 못한다. 중요한 것은 자신들이 맞닥뜨린 변화에 대해 얼마나 주체적으로 고민하고, 얼마나 창조적인 극복의 루트를 제시하느냐에 대한 것이 아닐까 싶다. 개인적으로 이 두 작품을 들으며 전 세계적인 문화 정세가 생각보다 크게 바뀌어가고 있음을 절감하게 된다. 전통적인 JPOP의 개념이 흐려져 가는 틈을 타 전에 없던 새로운 보편성을 구축하려는 거대한 움직임. 그 속에서 호시노 겐과 후지이 카제는 '세계를 향해 나아간다'는 거창한 캐치프레이즈 대신 묵묵히 '나'라는 정체성을 유지하며 진정으로 만들고 싶은 음악을, 자신이 가장 편안하게 느끼는 방식으로 풀어내고 있다. 역설적이게도 그 솔직함이 국경을 지우고, 언어의 장벽을 허물며, 장르의 경계를 무너뜨린다.

　더 이상 '어디에 속한 음악'이 아닌, '누가 만든 음악'으로 평가받는 시대. 그 시대의 문턱에서 우리는 지금 이 두 앨범을 통해 새로운 가능성을 목격하고 있다. 결국 음악이 도달해야 할 곳은 특정한 시장도, 차트의 정상도 아닌, 한 사람 한 사람의 마음속 깊은 곳이라는 지극히 당연한 진리. 〈Gen〉과 〈Prema〉는 그 진리를 향해 가는 두 개의 서로 다른, 그러나 결국 같은 지점을 향한 여정을 기록한 이정표가 아닐까.

PART 4

•

디지털이 설계한 문법: 서브컬처에서 메인스트림으로

청록색 트윈테일이 바꾼 일본 음악, 하츠네 미쿠(1)

—15,750엔이 무너뜨린 '프로'라는 장벽

2020년대 일본 음악 신의 큰 특징 중 하나라면, 보카로P(보컬로이드 프로듀서를 일컫는 용어)와 우타이테 출신 뮤지션들의 메인스트림 점령을 들 수 있을 것이다. 요네즈 켄시, 아도, 요아소비, 요루시카(ヨルシカ) 외에도 수많은 이들이 '하츠네 미쿠'를 거쳐갔다. 잠깐. 보컬로이드? 우타이테? 하츠네 미쿠? 아마 처음 접하는 단어의 연속에 고개를 갸우뚱하는 분들도 많을 것이다. 확실한 것은, 옆 나라의 음악 시장을 이해하기 위해선 이 용어들에 대한 이해가 수반되어야 한다는 사실이다.

우선 개념부터. 많은 이들이 하츠네 미쿠와 보컬로이드를 혼동하는데, '하츠네 미쿠는 보컬로이드 엔진을 탑재한 캐릭터'라고 이해하면 좋을 듯싶다. 보컬로이드는 일본의 야마하(Yamaha)가 개발해 2003년에 첫선을 보인 가상 가창 음성 합성 소프트웨어다. 실제 성우나 가수의 음성을 녹음해 구축한 데이터베이스를 기반으로, 사용자가 멜로디와 가사를 입력하면 사람이 부르는 것처럼 노래를 재생해주는 보컬 엔진인 셈이다. 여기에 피치 보정, 비브라토, 강세 등을 세밀하게 조절해 '노래 목소리 트랙'을 완성한다.

이를 응용해 제작한 음악을 보카로(ボカロ)라 부르고, 그 제작 주체가 바로 보카로P(보컬로이드 프로듀서)다. 제작 원리는 간단해 보이지만, 인간과 같은 자연스러운 가창을 만들어내려면 그야말로 엄청난 작업이 필요하다. 한 음 한 음을 세밀하게 조정하는 과정을 흔히들 '조교한다'라고 칭하는데, 능숙한 조교 실력이 역량 있는 보카로P로 평가조건이 되기도 한다.

보컬로이드 엔진이 등장한 후, 실제 가수와 성우의 음성을 결합한 레온(LEON)이나 로라(LOLA), 메이코(MEIKO)와 카이토(KAITO) 등의 보이스뱅크가 야심차게 출시되었다. 하지만 기술적 완성도가 낮아 자연스러운 가창이 불가능했고, 사용법이 너무 어려웠으며 타깃층 또한 모호했다. 그 상황에서 전환점이 되었던 것이 바로 2007년 8월 31일에 탄생한 청록색의 트윈테일, 바로 하츠네 미쿠였다. 캐릭터를 부여해 생명을 불어넣은 이 시도가 반년 만에 3만 장 판매라는 돌풍을 일으켰고, 나아가 거대한 서브컬쳐 문화를 구축하고 미래의 아티스트를 양성하는 플랫폼으로 거듭나며 '기술'을 '문화'로 진화시키는 결과를 낳게 된다. 개발사인 크립톤 퓨쳐 미디어조차 예상치 못한 결과였다.

캐릭터가 접근성을 높였다 한들 이렇게 갑작스레 반응이 온 이유는 무엇일까. 이를 파악하기 위해선 당시 분위기를 파악할 필요가 있다. 2007년, 하츠네 미쿠 발매 직전의 인터넷에 등장한 것이 바로 동영상 공유 커뮤니티인 '니코니코도가'였다. 동시에 오타쿠 취향의 팝스를 가리키는 'A-POP'이라는 용어가 등장했고, AKB48이 사회 현상 급 붐을 일으키던 시기였다. 개발자 사사키 와타루는 당시를 "음악 신에 '오타쿠적', '아키하바라적'인 무언가가 뒤섞이던 시기"라고 회고한다.

"1990년대 후반부터 이어진 클럽 뮤직, R&B, 비주얼계 같은 포스트 JPOP적인 장르들이 안정기에 들어가고, 동시에 서양 음악의 카리스마성도 급속히 줄어들며, 2000년대 후반 "젊은이들은 무엇에 열광해야 하는가?"라는 분위기 속에서, 인터넷/오타쿠 문화에 에너지가 집중되었고, 바로 그때 타이밍 좋게 미쿠가 브레이크한 거라고 생각해요"

ㅡ 음악웹진 〈Natalie〉 하츠네 미쿠 10주년 기념 인터뷰 중

동시에 음악 소비 방식도 변화하고 있었다. 젊은 세대는 CD를 사지 않았다. PC로 인터넷에 접속해 무료로 듣고 친구와 공유하며 즐겼다. 이런 상황에서 하츠네 미쿠는 단순한 음악 소프트웨어가 아닌 '놀이도구'로 받아들여졌다. 사용자 간의 상호작용을 통해 연쇄적인 창작을 지향하던 니코니코도가의 분위기와 완벽하게 맞아 떨어진 것이다.

가장 대표적인 사례가 '파돌리기송' 밈이다. 발단은 만화 〈블리치〉의 캐릭터 이노우에 오리히메가 파를 빙빙 돌리는 장면에 서양 춤곡 '이에반 폴카(Ievan Polkka)를 붙인 플래시 영상이었다. 이에 영감을 얻은 업로더 오토마니아(Otomania)가 '하츠네 미쿠에게 Ievan Polkka 노래시켜 보았다'라는 영상을 제작해 올렸고 이것이 큰 인기를 얻으며

하츠네 미쿠를 상징하는 콘텐츠로 자리잡았다.

이처럼 누군가 곡을 올리면 다른 이가 일러스트나 애니, 리믹스로 화답하고, 창작자가 아니더라도 영상 위에 실시간으로 흘려보내는 댓글인 이른바 '단마쿠(탄막/弾幕)'로 반응하는 등 하츠네 미쿠의 등장은 단순 감상에서 인터랙션이 강조된 '보는 음악'으로 보카로의 정체성을 구축했다. 감상과 창작의 경계를 무너뜨린 문화적 인터페이스였으며, 지금과 같은 SNS 숏폼 기반의 트렌드의 기원이라 해도 과언은 아닐 것이다.

이 지점에서 주목할 만한 점은 바로 개발사인 크립톤 퓨처 미디어의 대응방식에 있다. 저작권을 철저히 관리했던 당시 일본 문화 업계의 관행과 달리, '피아프로 캐릭터 라이선스'를 수립해 비영리 목적이라면 자유롭게 창작 및 배포할 수 있도록 했다. 누구나 하츠네 미쿠를 그리고, 영상을 만들고, 곡을 쓸 수 있도록 허용한 것이다. 일반적인 캐릭터 비즈니스라면 철저한 저작권 통제를 통해 수익을 극대화하려 했겠지만, 크립톤은 정반대의 길을 택하며 향후를 도모했다. 이 결정이 지금 일본 음악 신의 풍요로움을 견인한 중요한 순간이었음을 많은 이들이 절감하고 있지 않을까. 시사하는 바가 큰 만큼, 팬 문화와 저작권의 조화 모델로 관련 세미나에 자주 인용되는 사례이기도 하다.

하츠네 미쿠와 니코니코도가의 등장은 DTM(Desktop Music) 뮤지션들에게 어마어마한 호재였다. 우선 '보컬'이라는 큰 장벽을 극복할 수 있는 여건이 마련되었다. 드럼, 신시사이저, 기타 소리는 소프트웨어만으로도 충분히 퀄리티 있는 사운드를 낼 수 있었지만, 노래만큼은 반드시 녹음이 필요했다. 표면적으로는 멤버를 구하지 못하거나 보컬과의 호흡이 맞지 않아, 더 깊이 들어가면 보컬 레코딩을 위한 스튜디오 대여에 대한 비용이 부담되어서 등의 문제였다. 이러한 연유로 좌절한 음악인들이 부지기수였다.

요네즈 켄시 역시 밴드를 하고 싶었지만 실패한 후 하츠네 미쿠를 만났다고 고백한 바 있다. 이처럼 이 16살의 버추얼 소녀는 오랫동안 난공불락이던 장벽을 한순간에 무너뜨렸다. 15,750엔이라는 소프트웨어 값만 지불하면 누구나 자신만의 보컬 곡을 완성할 수 있게 되었다. 그렇게 DTM 문화에 가창이라는 요소가 더해졌고, 음악에 서사와 메시지가 실릴 수 있게 되었다. 많은 이들이 그 이야기에 귀 기울이고 공감하기 시작했다. 더불어 제작된 결과물을 다른 이들과 공유할 수 있는 니코니코도가는 서로의 영감을 주고받을 수 있는 놀이터로 기능했다. 노래를 올리면 일러스트가 붙고, 일러스트가 붙으면 애니메이션 영상이 만들어졌다. 그 영상을 보고 어떤 이는 춤을 추고, 어떤 이는 커버곡을 불렀다. 이 N차 창작물들이 실시간으로 공유되고 확산되며 독자적인 영역을 형성해 가기 시작했다.

발매 후 초반 약 3개월간은 이 '가상 아이돌'이라는 캐릭터 자체를 소재로 한 가벼운 곡들이 주로 인기를 얻었다. 'みくみくにしてあげる♪(미쿠미쿠하게 해줄게♪)'(2007), '恋スルVOC@LOID(사랑하는 VOC@LOID)'(2007) 등 초창기 화제작들은 새로운 즐길거리를 제시하는 역할에는 충실했지만, '보컬로이드'와 '하츠네 미쿠'라는 틀에서 좀처럼 벗어나지 못했다. 그러던 중 프로듀서 료(ryo)가 제작한 'メルト(멜트)'(2007)의 등장은 이러한 흐름을 일거에 바꾸기에 이른다. 크리에이터의 세계관과 감정을 투영해 완성한 이 곡을 기점으로, 사람들이 하츠네 미쿠를 '노래하는 소프트웨어'가 아닌 '싱어'로 받아들이는 흐름이 형성되었다.

이른바 '멜트 쇼크'의 시작이었다.

청록색 트윈테일이 바꾼
일본 음악, 하츠네 미쿠(2)
- 루저들의 피난처가 미래의 메인스트림을 구축하다

'그렇게 멜트 쇼크로 태어난 생명(そうメルトショックにて生まれた生命)'

요네즈 켄시가 하츠네 미쿠 10주년을 기념해 보카로P 하치로 돌아와 4년만에 제작한 '砂の惑星(모래의 행성)'(2017)의 가사 중 일부다. 해당 서브컬처의 신과 같은 존재이자 메인스트림으로의 루트를 개척한 선구자로서 대중음악사에 자리할 것이 확정된 그다. 그런 그조차도 '이 현상 안에서 태어난 존재'임을 공언하고 있다. 그만큼 이 한 곡이 일으킨 파급력은 수많은 프로 뮤지션을 낳으며 약 10년 후 일본 음악 신의 근간을 바꾸어 놓기에 이른다. 료에게는 두 번째 자작곡이었던 이 'メルト(멜트)'가 그 거대한 파도를 만들어 낼 수 있던 요인은 무엇이었을까.

단순히 캐릭터에서 벗어나 하츠네 미쿠를 '싱어'로 인식하게 만든 첫 사례였다는 점에 실마리를 찾을 수 있다. 앞서 이야기했듯 '하츠네 미쿠'의 존재 자체를 노래하는 캐릭터 송에서 벗어나, 마치 인격을 가진 16세의 소녀가 가질 법한 두근거림을 담아낸, 지극히 보편적인 러브송이었다. 물론 모든 작업을 진두지휘한 료의 역량에 찬사를 보내지 않을 수 없다. 드라마틱함을 배가하는 편곡과 구성, 발매 초기였음에도 불구하고 설렘과 애절함을 자연스럽게 구현한 '조교력'까지. 향후 그로부터 태어날 수많은 명곡들은 이미 이 시기에서 예언되었다고 언급할 만하다.

그 결과물엔 어떠한 메타적 장치도, 기술에 대한 감탄도, 흥미 위주의 가벼움도 없었다. 그저 한 아티스트의 감정이 멜로디에 실려 흩뿌려질 뿐. 업로드 후 불과 6일 만에 관련 영상들은 니코니코도가 사이트의 랭킹 상위를 독점했다. 특히 하루요시(halyosy)의 남성 보컬 커버를 시작으로 쏟아진 '불러보았다(歌ってみた) 영상은, 보카로 곡을 사람이 부르는 '우타이테' 문화의 본격적인 시작을 알렸다. 애초에 사람이 부를 것으로 상정하지 않은 고난도 곡들을 소화하던 이들이었기에, 수준 이상의 가창력은 당연했다. 그렇게 '음악'에 포커싱 한 보카로P와 우타이테, 두 요소가 정립되며 전혀 관련이 없을 것 같은 '팝 뮤직'과의 연결고리가 마련되었다. 유명 보카로P 중 한명인 라이브튠(livetune)의 케이지(kz)는 당시를 이렇게 회고한 바 있다.

"이 곡이 등장했을 때, 그쪽 세계가 멜트 일색이 되어버렸죠. 일종의 세계 붕괴 같았어요. 흑선이 들어온 느낌이랄까."

– 음악웹진 〈Natalie〉 하츠네 미쿠 10주년 기념 인터뷰 중

순식간에 전개된 '멜트 쇼크'는 창작의 다양화를 불러왔다. 하츠네 미쿠는 단순한 노래 소재가 아닌 감정을 전달하는 '싱어'가 되었고, 크리에이터들은 그를 페르소나 삼아 자신만의 세계관과 감정을 투영하기 시작했다. 장르와 주제의 제약은 모두 사라졌고, 그저 자신이 무엇을 이야기하고 싶은가에 대해서만 집중하면 되는 시기가 찾아왔다. 그렇게 발현된 보카로P들의 각기 다른 개성은 또한 각기 다른 우타이테의 가창과 맞물려 무한한 파장을 일으켰다.

료의 공적은 여기서 그치지 않는다. 흥미로운 점은 'メルト(멜트)' 업로드 당시 사용된 일러스트가 사실 무단 전재된 그림이었다는 것이다. 이 과정에서 그림 게시자 119(히케시)로부터 정식 허가를 얻는 형태로 이례적인 공식 콜라보레이션이 이루어졌고, 119가 일러스트레이터로서 정식 참여하게 되는 계기가 된다. 또한 썸네일을 제작했던 인연으로 미와 시로(三輪士郎) 역시 합류했다. 이렇게 다양한 분야의 멤버가 하나 둘 합류해 창작집단 슈퍼셀(supercell)을 결성, 소니 뮤직과의 계약을 통해 보컬로이드 관련 뮤지션으로는 최초로 메이저 활동을 개시하게 된다. 그야말로 '루저들의 메인스트림 침공'이었다.

나 역시 이 서브컬처 신을 인지하게 된 것은 애니메이션 〈바케모노가타리〉의 엔딩 곡이었던 '君の知らない物語(네가 모르는 이야기)'(2009)을 통해서였는데, 이처럼 타이업을 기반으로 마니아를 넘어 대중이 그 매력을 인지하게끔 하는 '존재하지 않던 길'을 팀이 홀로 만들어 냈던 셈이다. 이 시기 즈음 우타이테 야나기나기를 보컬로 맞아들여 완성한 2집 〈Today Is A Beautiful Day〉(2011)는 극적인 순간을 그려내는 그의 역량이 순도 높게 집결해 있는 명반 중 하나이기도 하다.

'メルト(멜트)'의 영향은 단순히 문화적 전환에 그치지 않았다. 이 곡은 구체적이고 직접적인 방식으로 차세대 아티스트들을 보카로 신으로 불러들였다. 가장 대표적인 인물이 요네즈 켄시다. 그는 'メルト(멜트)'의 히트를 계기로 하츠네 미쿠를 알게 되었고, 보컬로이드의 세계에 발을 들이게 되었다고 밝힌 바 있다. 결국 그는 료의 바톤을 이어받아 보카로의 메인스트림화의 결정적 역할을 하게 된다. 2009년 5월 'お姫様は電子音で眠る(공주는 전자음으로 잠든다)'를 업로드하며 데뷔, 난해한 작법으로 독특한 흡인력을 자아낸 '結ンデ開イテ羅刹ト骸(쥐었다가 펼쳐서 나찰과 송장)'(2009), 그 당시 지향하던 사운드가 명징하게 구현되어 있는 'マトリョシカ(마트료시카)'(2010)을 통해 일찌감치 료를 잇는 신성으로 주목받게 된다. 그렇게 2년이라는 단기간에 팬덤을 구축한 후, 다음 단계로 나아가고자 보카로P로서의 명성을 버리고 〈diorama〉(2012)로 솔로 데뷔하며 보다 넓은 세계를 지향하기 시작했다.

이 당시의 수록곡들이 어느 정도 보카로P로서의 정체성을 유지하고 있었다면, 메이저 데뷔를 선언한 2집 〈YANKEE〉(2014)에는 밴드 사운드를 도입해 그의 꿈을 현실화하게 된다. 'アイネクライネ(아주 작은)'는 완연한 팝 스타로 거듭났음을 알려주는 곡으로, 이 시점에 이미 수많은 이들의 롤모델로 자리하게 된다. 음악 레이블들이 니코니코 도가에서 원석을 찾아 헤매야 하는 결정적인 이유를 마련해 주었다 해도 과언은 아닐 것이다. 드라마 〈언내츄럴〉의 주제가 'Lemon'(2018)으로 전국구적인 인지도를 획득한 후 몇 장의 앨범을 거쳐 지금에 접어든 그는 영화나 애니메이션, 게임, CM 등 일본의 모든 엔터테인먼

트의 러브 콜을 받는, 24시간이 모자란 창작자로서 자리하고 있다. 이와 함께 이마세의 기록을 넘어 멜론 일간 차트 12위에 'Iris out'(2025)이 랭크되는 등, 우리나라에서도 그 인지도를 넓혀가고 있는 중이다.

요즘은 요네즈 켄시 외에도 보카로 신 출신을 쉽게 찾아볼 수 있다. 피노키오피, 데코니나, 미키토P, 슈도, 기가P, 나유탄 성인, 벌룬 등 수많은 보카로P와 우타이테들은 현재 활동만으로도 자생할 수 있을 만큼의 세력을 확보했다. 지금은 안타깝게 세상을 떠났지만 故 오와카(히토리에)나 최근 차세대 록 스타로 부상하고 있는 스리(Aooo)처럼 밴드로 데뷔해 영역을 넓혀나가는 이들도 있다. 메인스트림 진출 없이 인디 활동만으로 돔 공연을 성황리에 완수한 우타이테 마후마후(まふまふ)의 사례 역시 상징적이다.

멜트 쇼크 이후 보카로 신이 만들어낸 가장 중요한 가치는, 어쩌면 '익명성을 통한 창작의 자유'였을지도 모른다. 즉, 무대에 나서지 않아도, 얼굴을 드러내지 않아도, 사생활을 공개하지 않아도 자신의 음악만으로 인정받을 수 있는 환경이다. 그들에겐 외모도, 나이도, 성별도, 학력도 중요하지 않다. 중요한 건 단 하나, 얼마나 좋은 곡을 만드느냐다. 이런 환경은 필연적으로 다양성을 낳았다. 밝고 경쾌한 팝부터 어둡고 난해한 록까지. 시장의 논리나 기획사의 전략이 아닌, 오로지 창작자의 의지만이 음악의 방향을 결정했다. 그렇게 발현된 보카로P들의 각기 다른 개성은 또한 각기 다른 우타이테의 가창과 맞물려 무한한 파장을 일으켰다.

개인적으로 보카로와 KPOP은 양극단에서 서로를 바라보고 있는 것처럼 느껴진다. KPOP의 일원이 되기 위해선 춤, 노래, 외국어에 이르기까지 어린 나이부터 연습생으로 들어가 수년간의 트레이닝을 거쳐야 하고, 데뷔 후에는 끊임없는 스케줄과 함께 사생활의 상당 부분을 대중에게 공개해야 한다. 공항 패션부터 연애, 식습관까지 모든 것이 콘텐츠가 되고 소비된다. 완성도 높은 퍼포먼스와 글로벌 영향력을 갖춘 KPOP의 성과가 실로 위대하다는 것에 대해 반박할 생각은 없다. 아도나 요아소비의 아야세도 KPOP 팬이라 공언한 바 있으며, 즛토마요나카데이이노니.의 아카네나 후지이 카제는 자신의 콘서트에서 뉴진스의 'Ditto'를 커버한 적도 있을 정도로 음악적 영향력 또한 거대하다. 다만 자세히 들여다보면, KPOP의 일원이 되기 위해 너무 많은 것을 희생해야 한다는 사실을 발견하게 된다.

음악활동과 미디어 노출이 꼭 동반되어야 하는 것은 아니다. 이 세상엔 창작을 통해 인정받고 싶지만 선천적으로 사람들 앞에 나서지 못한 이들도 있을 것이다. 더불어 시스템에 맞지 않아 기회조차 얻지 못하는 이들 또한 얼마나 많은가. 어쩌면 음악을 그만두었을지도 모르는 이들이 하츠네 미쿠를 통해 새 생명을 얻어 일본 음악 신의 중추를 담당하고 있다는 사실은 의미심장하다. 한국에는 가수가 되고 싶음에도 KPOP 아이돌이라는 포맷이 맞지 않아 스스로 꿈을 포기하는 유망주들이 적지 않을 것이다. 앞서 이야기한 료와 요네즈 켄시 역시, 밴드로서의 실패를 겪고 난 후 얻은 기회로 반전의 커리어를 이어 나갔다는 점은, 말해주는 바가 크다.

음악 산업에 정답은 없다. KPOP의 체계적 시스템도, 보카로 신의 자유방임도 각자의 장단점을 갖고 있다. 하지만 적어도 아티스트 개인의 관점에서 본다면, 자신을 지키며 음악을 할 수 있는 선택지가 존재한다는 것은 분명 의미 있는 일이다. 15,750엔짜리 소프트웨어가 만든 혁명의 본질은, 결국 더 많은 이들에게 음악을 할 수 있는 자유를 돌려준 것이 아니었을까. 결국 그 자유 속에서 태어난 음악들이, 지금 일본을 넘어 세계로 퍼져나가고 있으니 말이다.

 ## 추천 앨범

🔊 슈퍼셀(Supercell) 〈Today Is A Beautiful Day〉(2011)

이들이 바로 시작점이었다. 1세대 보컬로이드 프로듀서 료를 중심으로 한 유닛인 슈퍼셀은, 보컬로이드 프로듀서의 활동영역을 니코동에서 전체 음악신으로 확장시킨 유닛이라는 점에서 큰 의미를 가진다. 그리고 이것이 가능했던 것은, 가상의 보컬리스트와 컴퓨터 음악에서 벗어나 실제 가수를 기용하고 리얼 세션 중심의 음악을 선보이며 일반 대중이 받아들일 수 있는 보편성을 확보한 덕분. 이 작품은 이러한 경향이 극대화된 결과물로, 싱어송라이터 야나기나기(당시엔 가젤)를 중심으로 풀어낸 이모셔널한 록 넘버들을 통해 서브컬쳐로의 한계를 뛰어넘는 반응을 얻어낸 앨범이다. 출신 배경의 장점을 보편성으로 멋지게 해석해 낸 그 첫걸음은, 지금의 보컬로이드 프로듀서와 우타이테들이 메이저신에서 큰 부분을 차지할 수 있었던 밑바탕이 되었다고 해도 과언은 아닐 것이다. 그들이 일으킨 날갯짓이 이만한 나비효과를 일으키고 있음을, 지금에 와 더욱 절감하고 있는 중.

🔊 하치(ハチ) 〈Official Orange〉 (2010)

'パンダヒーロー(판다 히어로)', 'マトリョシカ(마트료시카)', '神様と林檎飴

(신님과 사과사탕)' 등 보컬로이드 역사에 길이 남을 명곡들이 수록되어 있는, 보카로 신에서 가장 영향력 있는 앨범 중 하나이다. 압도적인 프로듀싱 역량 하에, 복잡하게 레이어링된 사운드와 불안정하면서도 중독적인 멜로디는 수많은 보컬로이드 프로듀서들에게 영감과 깨달음을 선사했다. 동시에 '불러보았다(歌ってみた)' 문화를 폭발적으로 확산시키며 우타이테들을 대거 배출했고, 그중 상당수가 현재 일본 음악계에서 활약하는 아티스트가 되었다는 점을 보면, 이 한 장의 작품이 일으킨 파급력이 상당하다는 것을 알 수 있을 것이다, 'マトリョシカ(마트료시카)'는 훗날 요네즈 켄시라는 아티스트 명의로의 데뷔작 앨범 <diorama>(2012)의 음악적 방향성을 가장 명확히 가리키고 있는 트랙이기도. 동시에 본인이 직접 가창한 마지막 트랙 '遊園市街(유원지거리)'을 통해 자신의 야망을 직설적으로 표출하며 솔로 데뷔를 예고하기도 했다. 그의 원점이자 보컬로이드 신 전체의 가능성을 확장시킨 전설적인 작품.

◀)) 피노키오피(ピノキオピー) 〈ラブ〉 (2021)

과연 기계 보컬로도 인간에 준하는, 혹은 이를 능가하는 감정적인 파고를 느낄 수 있을까. 이런 의문이 드는 이들은 이 작품을 꼭 들어보라 권하고 싶다. 많은 보컬로이드 프로듀서들이 하츠네 미쿠를 자신의 목소리를 대신하는 페르소나로, 자신의 감정과 이야기를 전달하는 도구로 사용하는 것과 달리, 피노키오피는 철저하게 '하츠네 미쿠'라는 캐릭터 그 자체가 무엇을 느끼고 무엇을 노래할 것인가를 고민한다. 그의 다섯 번째 정규작은 그 지점을 가장 깊고도 흥미롭게 파고들고 있는 결과물이다.

일반적인 보카로P들을 아득히 넘어선 탁월한 '조교 역량'을 토대로, 일렉트로팝부터 댄스 뮤직 등 다채로운 사운드를 구사하며 음악적으로도 충분한 흥미를 자아내지만, 이 작품은 여기서 한 발짝 더 나아간다. 그는 단순히 미쿠에게 노래를 시키는 것이 아니라, 미쿠가 어떤 존재인지, 미쿠는 어떤 방식으로 세상을 바라보는지, 그리고 미쿠라면 사랑을 어떻게 이해하고 표현할 것인지를 탐구한다. 그리고 가상의 아이돌인 하츠네 미쿠가 그것을 노래할 때, 그 의미는 어떻게 변하는지에 대한 대답을 듣는 이가 해석하도록 하는 '사유의 영역'을 부여한다. 하츠네 미쿠를 자신의 감정을 투영하는 거울이 아닌, 독립된 인격체로 존중하고 그 정체성을 함께 찾아가려는 희귀한 시도, 이 앨범은 보컬로이드 문화의 또 다른 가능성 그 자체다.

틱톡이 만든 새로운 스타 공식
- 이마세의 'Night Dancer'와 팬데믹 이후의 JPOP

　앞서 언급했듯, 우리나라의 JPOP 붐을 본격화한 아티스트 중 하나가 바로 이마세일 것이다. 일본 음악으로는 최초였던 'Night Dancer'(2022)의 멜론 TOP 100 차트 진입은, 한국인들에게 'JPOP'의 이미지를 재구축하는 일종의 사건이었다. 비주얼 록이나 아이돌에만 머물러 있던 그 시계가 겨우내 돌아가기 시작한 셈이다. 시티 팝 특유의 멜로우함을 차용한 트렌디한 곡조가 SNS 세대를 사로잡았고, 숏폼을 통한 챌린지까지 더해지며 순식간에 존재감을 각인시켰다. 이후 한국에서 열린 쇼케이스 역시 대성공을 거두며 온라인 상의 인기가 현실에도 이어짐을 확실히 보여줬다. 이런 흔치 않은 글로벌 히트에 일본 언론들도 앞다투어 주목했고, 그제야 현지 음악 페스티벌에 섭외되는 '역수입' 현상으로 이어지기도 했다.

　이마세의 성공은 단순한 차트 성적을 넘어 '음악계 판도 변화'를 보여주는 상성성을 내포하고 있다. 일본 대중음악 역사에 한 획을 그은

얼터너티브 록 밴드 슈퍼카(SUPERCAR) 출신이자 작사가·프로듀서로 활동 중인 이시와타리 준지(いしわたり淳治)가 이마세의 등장을 두고 "거짓말 같은 실화(嘘みたいな本当の出来事)"라고 언급했을 정도. 전문적인 음악 교육 없이 약 1년 간의 작곡 독학만으로 곧바로 메이저 신에 안착한 것이 그 증거다. 이어 네임드 아티스트만이 담당한다는 포카리스웨트 CM 송을 맡는가 하면, 1년 반도 안 되어 틱톡 총 조회수 11억회를 돌파한 그의 행보는 기존 대중음악계 공식으로는 설명할 수 없는 새로운 흐름이었다.

이런 아티스트가 나올 수 있었던 배경엔 코로나19 팬데믹이라는 전례 없는 상황이 있다. 외출이 제한되고 공연장이 문을 닫던 시기에 음악 산업의 지형도가 재편되기 시작한 셈이다. 홈 레코딩의 대중화와 디지털 플랫폼의 부상은 누군가에게는 새로운 기회가 되었다. 이와 함께 개인에게는 '혼자서도 할 수 있는 취미'가 필요해졌고, 그 선택지 중 하나가 바로 악기였다. 야외 활동이 어려워지던 시기에 친구를 따라 구입한 기타가 이마세를 음악계로 이끌었다는 것을 생각해 보면, 코로나19는 악마와 같은 가면 뒤로 새로운 꿈과의 만남을 주선한 안내자의 얼굴을 감추고 있었다고 할 수 있다.

여기에 틱톡의 역할을 빼놓을 수 없다. 15초에서 1분 남짓의 짧은 영상 포맷은 음악 창작의 패러다임 자체를 뒤흔들었다. 단편적인 아이디어나 미완성 멜로디조차 콘텐츠가 될 수 있는 이 공간에서, 기존 음악 제작 시스템을 거치지 않은 아마추어들이 두각을 나타내기 시작했다. 이마세에게도 이 숏폼 형식은 자유로운 놀이터이자 강력한 무기였다. '완성된 작품'을 선보이는 경향이 강한 유튜브 대신, 부분만 만들어 가볍게 올릴 수 있는 틱톡의 방향성을 적극 활용한 것이다. 이 SNS는 아직 프로 수준에 미치지 못하는 그에게 동기를 부여함과 동시에 사람들의 반응을 살펴볼 수 있는 통로가 되었다. 또한 누구보다 SNS를 잘 아는 세대이기에 자신의 개성을 기반으로 '바이럴 될 만한' 전략들을 적극 활용했다는 점에도 주목할 만하다.

방법은 의외로 단순하다. 우선 귀에 꽂히는 후렴 부분만 만든 후, 드럼패드 연주와 함께 노래하는 모습을 올리는 것이다. 핵심만 명확하고 짧게 들려준다는 점에서 해당 세대의 콘텐츠 소비 패턴에 부합했다고

할 수 있겠다. 그러던 중 반응이 온 것이 바로 'Have a nice day'(2021)
였다. 특유의 가성으로 자신만의 색깔을 구체화한 이 곡은, 한 달 만에
5억 조회 수를 기록하며 메인스트림으로 가는 가교 역할을 톡톡히 했
다. 이후 그 후렴을 확장한 완곡으로 정식 데뷔를 마쳤고, 주간 일본 바
이럴 차트 1위에 오르며 시대의 바람을 타게 된다. 이처럼 코로나19
팬데믹과 틱톡이 맞물리며 이전에 없던 '프로 탄생'의 루트가 생겨났
고, 그 흐름의 가장 대표적인 사례가 바로 이마세의 등장인 셈이다.

앞서 말했듯이 그는 짧은 시간에 대중의 이목을 끌 수 있는 인상적
인 멜로디 제작을 꾸준히 연마해왔다. 여기에 발음이나 억양을 통한
리듬감을 중요시하는 작사법까지 적극 활용하고 있다. 한국인에게도
외국어라는 허들에 앞서 리드미컬함의 직관적 매력이 앞선다는 이야
기다. 그리고 두 영역의 매력이 최대로 발휘되어 있는 부분이 플레이
버튼을 누르자마자 흘러나오는 "도오데모이이요나요루다케도(どうで
もいいような夜だけど/아무래도 좋은 밤이지만)" 소절이다. 이렇게 자신
의 장점이 극대화된 소절을 초반에 배치한 그 승부수가 유효하게 작용
하지 않았나 싶다.

음악적으로 봐도, 이 곡은 우리나라 사람들에게 익숙한 사운드를
담고 있다. 대중음악의 트렌드는 전 세계적으로 비슷한 결을 공유한
지 오래다. 그렇기에 이 곡에 담긴 신스팝과 블랙뮤직, 시티팝의 요소
들이 한국인들에게도 전혀 낯설지 않다. 그의 음악이 홍대 앞 한복판
에서도 어색하지 않게 느껴지는 이유다. 일본의 유명 R&B 아티스트
인 시럽(SIRUP)과 이리(iri), 비바올라(VivaOla)를 비롯해 한국의 딘과
DPR LIVE를 즐겨 듣는 그의 음악적 취향도 양국의 리스너들을 만족

시키는 데 일조한 것으로 보인다.

이런 경향은 점차 확산되고 있으며, 동시에 JPOP이 글로벌로 퍼져 나가는 주요 통로로 자리 잡은 듯하다. 나토리(なとり)의 'overdose'는 어느덧 유튜브 조회수 2억을 넘기는 등 이 카테고리의 선두주자라 할 만하며, 리리아。(りりあ。)는 감성적인 음색과 보편적인 매력으로 애니메이션 타이업의 단골이 되었다. 여기에 '晩餐歌(만찬가)'(2023)의 대히트에 힘입어 일본의 연말 대표 음악 프로그램인 〈홍백가합전〉에 출연하고 부도칸 공연까지 완수한 츠키.(tuki.)까지. 모두 틱톡이라는 플랫폼의 문법을 정확히 이해하고, 짧은 시간 안에 청자의 눈과 귀를 사로잡을 수 있는 '킬링 파트'를 극대화하며 기존 질서의 해체를 가속화한 인물들이다.

코로나19 팬데믹 시대가 만들어낸 이 새로운 음악 생태계는 분명 혁명적이다. 기존의 음악 산업 구조를 우회하여 누구나 스타가 될 수 있는 기회를 제공했고, 국경을 넘나드는 음악 소비를 가능하게 했다. 동시에 우리는 이 현상의 어두운 면도 직시해야 한다. 알고리즘이 주도하는 음악 소비는 다양성의 상실로 이어질 수 있고, 순간적 자극에 최적화된 음악들이 예술적 깊이를 잃을 위험도 있다. 더욱이 틱톡 기반의 화제성으로 일궈낸 준비되지 않은 성공은, 그 빛 또한 빠르게 잃어갈 수 있음을 기억해야 한다. 결국 틱톡과 같은 숏폼을 통해 데뷔한 아티스트들이 보여줄 향후 행보가 이 새로운 생태계의 지속 가능성을 좌우할 것이다. 그들이 가진 시대에 대한 민첩함이 대중음악의 새로운 예술적 정의를 탄탄히 구축하는 데 성공할지, 아니면 일시적인 화제를 끝으로 그 생명력을 빠르게 잃어살 것인지는 아직 미지수다.

🎵 추천 앨범

🔊 **나토리**(なとり) 〈劇場(극장)〉(2023)

이 앨범을 듣다 보면, 우리가 '포스트 팬데믹 JPOP'이라고 부를 수 있을 새로운 음악적 언어가 무엇인지 어렴풋이 감지할 수 있다. 이미 'overdose'를 통해 글로벌 리스너들에게 자신의 존재를 각인시킨 시점에서 선보인 이 풀렝스는 틱톡 세대의 아티스트도 훌륭한 '앨범' 단위의 작품을 만들 수 있음을 증명하고 있다. 디지털 네이티브 세대답게 세련된 프로덕션과 글로벌 스탠다드에 부합하는 사운드 메이킹을 보여주면서도, 그 안에는 일본적 감수성이라고 할 만한 특유의 우울함과 섬세함을 숨기지 않으며 자신의 정체성을 명확히 한다. 그가 만든 서사 안에서 리스너가 관객이자 동시에 참여자가 되는, 치밀하게 연출한 나토리 주연의 '소리 극장'.

🔊 **이마세**(imase) 〈凡才(범재)〉(2024)

'Night Dancer'라는 폭발적 성공 이후 마주한 창작자로서의 내적 갈등을 솔직하게 드러내는 작품. '범재(凡才)'라는 제목 자체가 자기 성찰적 고백이자 동시에 도발이기도 하다. 글로벌 히트 이후의 부담감, 과연 자신이 일회성 화제가 아닌 진정한 아티스트로 인정받을 수 있을지에 대한 의구심이 앨범 곳곳에 스며있다. 이런 불안감을 단순히 토로하는 데 그치지 않고, 오히려 그것을 창작의 원동력으로 전환시키려는 의지가 엿보인다.

특히 앨범의 중반부로 갈수록 그만의 음악적 정체성에 대한 탐구가 깊어지는데, 이는 SNS 플랫폼에서 시작된 그의 커리어가 단순한 바이럴을 넘어 지속 가능한 음악적 여정으로 발전할 수 있음을 보여주는 중요한 시도로 읽힌다. 디지털 시대의 신인 아티스트가 겪는 실존적 고민을 음악으로 번역한 일종의 성장 보고서.

🔊 **츠키.**(tuki.) 〈15〉(2025)

'晩餐歌(만찬가)'의 히트가 단지 일시적인 운에 의한 것이 아님을 알려주는 첫 정규작이다. 그의 보컬 운용이 단순히 일정한 영역에 머물러 있지 않다는 것을 스스로 증명하듯, 여러 스타일의 곡들이 이질감 없이 자신의 자리를 지키고 있다는 점이 이 앨범의 미덕이다. 업템포의 팝 록 사운드와도 대등하게 맞설 수 있음을 보여주는 '月面着陸計画(달 착륙 계획)', 섬세한 감정 표현이 극도의 설렘을 자아내는 '一輪花(한 송이 꽃)', 보컬로이드 풍의 복잡다단한 리듬에도 충분히 적응 가능하다는 것을 증명하는 'ひゅるりらぱっぱ(휴루리라팟파)' 등 갑작스러운 주목을 받으며 숨쉴 새 없이 뛰어온 지난 2년을 정리하고 있는 밀도 있는 작품으로 자리하고 있다.

가상 너머 존재하는
'꿈'이라는 리얼리티 : 버추얼
유튜버 아티스트의 시대

　어느덧 버추얼 유튜버가 SNS 세대를 중심으로 확고히 자리잡았다는 느낌이 든다. 몇 년 전까지만 해도 왜 실물을 제쳐두고 가상 캐릭터에 열광하는지 이해하지 못하는 이들도 많았으리라 생각한다. 그런 과정을 거쳐, 이제 이 온라인 페르소나는 하는 쪽이든 즐기는 쪽이든 관계없이 젊은 이들에게 각광받는 그런 카테고리로 거듭났다.

　이 큰 틀에서 각기 자유롭게 자신만의 엔터테인먼트를 전개해 가는 와중에, 음악 활동에 큰 비중을 두는 이들도 하나둘씩 나타나기 시작했다. 초반엔 아무래도 그 영향이 미미했지만, 최근의 사례를 보면 그 규모가 급격하게 커져가고 있음을 체감하게 된다. 더불어 이는 일본만의 현상을 넘어 한국 역시 가시적 성과로 나타나고 있는 중이다.

　혹자는 '한국에서 이러한 버추얼 아티스트의 영향력을 잘 느끼기 힘들다'라고 이야기하기도 한다. 워낙 취향이 파편화되어 있고 각기 다른 소비루트를 가지고 있는 경우가 많은 탓에 이런 반응도 이해가 가지 않는 것은 아니지만, 조금만 둘러봐도 이를 반박할 근거들은 많다. 버추얼 아티스트들이 메인이 된 페스티벌이 열린다거나, 플레이브(PLAVE)와 같은 그룹이 약 1만명 규모의 KSPO 돔에서 3일 동안 공연한 후 아시아 투어를 이어간다거나 하는 모습이 대표적이라 할 수 있을 것 같다. 그만큼 만만치 않은 화력으로 무장한 서브컬쳐가 전 세계 많은 이들을 매료시키고 있는 요즘이다.

그렇다면 버추얼 유튜버는 어디서부터 시작되었을까? 이 글을 읽으시는 30~40대 분들은 1990년대 후반 잠깐 활동했던 사이버 가수 아담을 떠올릴지도 모르겠다. 아담도 가상이라면 가상이지만, 지금과 같은 형태는 2016년에 등장한 일본의 키즈나 아이(キズナ アイ)가 그 시초라고 명확히 이야기할 수 있다.

"버추얼 유튜버라는 말, 멋있지 않나요?(バーチャルユーチューバーって響き、カッコ良くないですか？)"라는 한 마디와 함께 등장한 키즈나 아이는 해당 용어에 대한 정의와 문화 전반에 대한 밑그림을 선명히 그려냈다. 모션 캡처 기술을 통해 실시간으로 표정과 몸짓이 구현되는 가상의 캐릭터지만, 그 뒤에는 진짜 사람의 목소리와 감정을 기반으로 한다는 핵심을 제시했다는 점이 상징적이었다.

지금 보면 귀여운 비주얼, 하이텐션임에도 편안하게 다가오는 목소리와 행동 등, 가상이기에 생길 수 있는 '언캐니 밸리(불쾌한 골짜기)'를 일본 특유의 모에함으로 극복했다는 인상이다. 더불어 잡담과 게임 등 현재 정립되어 있는 버추얼 유튜버의 콘텐츠 양식 또한 제시하며 말그대로 '업계를 창시했다'라는 표현이 부족하지 않을 정도의 완성도를 보여주고 있었다. 이전에는 없던 형태의 콘텐츠였기에 초반에는 다소 주춤했으나, 등장 5개월만에 50만, 1년 만에 100만 구독자를 돌파하고 특히 일본 외 국가에서도 인기를 얻으며 그 가능성을 증명했다.

음악활동은 싱글 'Hello, Morning'(2018)을 발표하며 본격 개시, 스포티파이 주간 랭킹에서 1위를 차지하고 기세를 이어 라이브 개최 및 페스티벌 〈섬머 소닉〉 출연 등 아티스트로서의 존재감 또한 적극적으로 어필해 나갔다. 이처럼 그가 없었다면 버추얼 업계의 활성화가 최소 수년은 더 미뤄졌을 것이라는 말이 나왔을 정도.

하지만 초창기 버추얼 유튜버는 제작 비용과 기술적 장벽이 높았다. 키즈나 아이처럼 고퀄리티 3D 모델과 모션 캡처 장비를 갖추려면 막대한 투자가 필요했다. 더불어 사전에 콘셉트를 기획하고 이에 따라 촬영을 한 뒤 편집 후 업로드 하는 방식이었기에 비용과 인력, 시간 등이 적지 않게 필요했고, 이로 인해 이 시기의 버추얼 유튜버는 진입장벽이 어쩔 수 없이 높았다.

그러던 중 2018년, 일본의 게임 회사 이치카라(현 애니컬러)가 아이폰의 얼굴 인식 기능을 활용한 '니지산지(にじさんじ)' 앱을 출시하며 상황이 바뀌기 시작했다. Live2D 기반의 아바타로 누구나 비교적 저렴하게 버추얼 유튜버가 될 수 있게 된 것이다.

키즈나 아이 이후 2018~19년 초반까지는 영상 제작 위주의 버추얼 유튜버들이 주를 이뤘다면, 니지산지의 등장과 함께 생방송을 중심으로 한 라이브 스트리밍 중심의 콘텐츠가 부상하기 시작했다. Live2D로 비교적 쉽게 데뷔가 가능해졌으며, 개인의 역량만 있다면 큰 준비 없이 생중계를 긴 시간 진행하며 대중들에게 많은 즐길거리를 제공할 수 있다는 점 덕분에 또 한 번의 격변이 일어난 셈이다. 이후 니지산지는 어플리케이션 명칭임과 동시에 이 앱을 통해 활동하는 버추얼 유튜버를 일컫는 용어로 발전했으며, 기수제로 운영되며 다양한 개성의 라이버들을 빠르게 데뷔시켰다. 더불어 홀로라이브 또한 같은 방식으로 꾸준히 성장해 니지산지와 함께 양대 산맥을 형성했다.

결정적 전환점은 2020년, 코로나19였다. 집에 머무는 시간이 길어진 탓에 사람들은 온라인에서 새로운 형태의 소통을 찾기 시작했다. 버추얼 유튜버는 코로나19 팬데믹 시대의 완벽한 해답이었다. 실제 만남 없이 라이브 방송만으로 시청자와 실시간으로 교감할 수 있었고, 가상 공간에서의 콘서트와 이벤트는 코로나19가 막아버린 오프라인 활동의 대안이 되었다.

홀로라이브는 이 시기에 과감한 결정을 내렸다. 2020년 9월, 영어권 시청자를 겨냥한 'hololive English(홀로라이브 EN)'를 런칭한 것이다. 일본어만으로는 글로벌 확장에 한계가 있다는 것을 간파한 전략이었다. 첫 멤버로 데뷔한 가우르 구라(がうる・ぐら)는 1년이 채 되기도 전 300만 구독자를 돌파하며 키즈나 아이를 제치고 최다 구독자 버추얼 유튜버로 등극하며 그들의 전략적 방향이 잭팟을 터뜨렸음을 이르게 증명했다. 이 성공으로 버추얼 유튜버는 일본을 넘어 전 세계적인 현상이 되었고, 한국, 인도네시아, 미국 등 각국에서 독립 버추얼 유튜버와 기획사들이 우후죽순 생겨나기 시작했다.

앞서 언급했듯 버추얼 유튜버가 대중화되면서, 자연스레 '음악'이 주요 콘텐츠로 자리 잡았다. 방송만으로는 차별화하기 어려웠기에, 많은 이들이 오리지널 곡 발표와 커버곡 활동에 힘을 쏟기 시작했다. 그중에서도 몇몇은 단순한 '방송인'을 넘어 본격적인 '음악 아티스트'로 소개해도 무리가 없는 수준으로 성장했다.

호시마치 스이세이(星街 すいせい)는 그 대표적인 사례다. 2018년 개인 버추얼 유튜버로 시작해 홀로라이브에 합류한 그는 스스로를 '아이돌 VTuber'라고 소개하며 데뷔했다. 초기에는 게임 방송도 많이 했지만, 2019년 홀로라이브 산하 음악 레이블 '이노나카 뮤직'에 합류한 이후 본격적으로 음악 활동에 집중했다. 허스키한 중저음 목소리와 뛰어난 표현력을 중심으로 지속적으로 작품을 발표, 2025년 2월에는 부도칸 단독 콘서트를 성공시키며 단순히 그 인기가 온라인에 머물러 있지 않음을 증명했다. 더불어 12,000명 규모의 케이-아레나 요코하마(K-ARENA Yokohama)에서 이틀간 단독공연을 열었던 호쇼 마린(宝鐘マリン), 피아 아레나 MM를 자신을 위한 시공간으로 재구축한 아즈키(AZKi), 최초로 미국에서 공연을 개최한 모리 칼리오페(森 カリオペ), 자신을 아예 '버추얼 싱어'로 칭하며 새로운 길을 개척하고 있는 카후(花譜) 등도 그 예시로 언급할 만하다.

일본에서 시작된 버추얼 유튜버 문화는 한국에도 큰 거부감 없이 정착하는 추세다. 유명 스트리머 우왁굳이 기획한 이세계아이돌은 이 인터넷 문화를 일반 대중에게 알린 케이스다. 개인방송을 중심으로 하되 정기적으로 음악을 발표하고 콘서트를 열었으며, '왁타버스'라는 세계관 안에서 다양한 콘텐츠와 연계되며 팬들의 몰입도를 높였다. 특히 제작 과정에서 공개 오디션을 열어 한국인이 좋아하는 '서사' 부분을 부각시켰고, 자본이 크지 않았던 만큼 많은 콘텐츠를 '팬메이드' 기반으로 진행하는 등 활발한 인터랙션을 중심으로 '함께 성장한다'는 결속력을 강조했던 것이 성공요인이었다. 개인적으로는 이들의 초창기

야말로 '인디펜던트'라는 단어가 가장 잘 어울리는 제작형태가 아니었나 싶은 생각도 든다.

인터넷 방송인 강지가 대표로 있는 스텔라이브 역시 우리나라의 버추얼 유튜버 업계를 대표하는 그룹이라고 할 만하다. 일본의 니지산지나 홀로라이브처럼 기수제로 운영되며, 아이돌 그룹 형태가 아닌 개별 크리에이터들이 모여 각자의 개성을 기반으로 굳건한 팬덤을 구축하고 있다. 1기생인 아야츠노 유니는 2024년 12월 고려대학교 화정체육관에서 단독 콘서트를 성공적으로 개최했으며, 2025년 12월에는 킨텍스에서 9명의 멤버가 참여하는 〈2025 THE FIRST STELLIVE FESTIVAL "STAR TRAIL"〉로 다시금 그 세력을 확장했다. 더불어 일본 버추얼 업계의 대기업 브레이브 그룹(Brave group)과 업무 협약을 맺으며 글로벌 진출도 도모하는 중이다.

플레이브는 약간 특수한 케이스다. 이들은 인터넷 방송 중심의 다른 버추얼 유튜버들과 달리, 처음부터 '버추얼 아이돌'로서 정체성을 확립했다. 실시간 개인 방송보다는 음반 발매, 음악방송 출연, 공식 콘텐츠 제작에 집중하며 기존 KPOP 아이돌과 거의 동일한 활동 방식을 택했다. 이것이 가능했던 것은 블라스트(VLAST)라는 회사가 개발한 압도적인 3D 기술력 덕분. 이들은 단순히 서브컬처에서의 인기를 넘어 음악 방송 프로그램에서 1위를 차지하고, 광고모델로 각광받고 있으며, 국내를 넘어 아시아 투어를 진행할 정도로 확실한 지지자들을 구축한 상태다.

버추얼 유튜버 기반 아티스트의 등장은 보카로P/우타이테 문화의 연장선상에 있다. 하츠네 미쿠의 등장으로 '얼굴을 드러내지 않고도 음악을 할 수 있다'는 가능성이 열렸다면, 버추얼 유튜버는 가면과 같은 각자의 '페르소나'로 활동할 수 있게 된 것이다. '자신을 드러낼 것인가, 숨길 것인가'의 선택에서 지금은 '어떤 모습으로 드러낼 것인가'를 고려할 수 있는 일종의 진화라고 할 수 있다. 이를 통해 자신이 원하는 모습과 캐릭터를 창출해 더 많은 이들이 다양한 방식으로 자신의 꿈을 펼칠 수 있게 된 것이다.

이들을 바라보는 시선은 조금은 엇갈린다. "진짜가 아닌 캐릭터에 열광하는 이유를 모르겠다"는 회의적 시선이 특히 그러하다. 다만 팬들은 안다. 화면 속 가상의 캐릭터 뒤에서 진짜 사람이 실제 감정으로 노래하고, 웃고, 울고 있다는 것을. 호시마치 스이세이가 무도관을 꿈꾸며 흘린 땀은 진짜고, 모리 칼리오페가 일본 인디활동 시절에 겪은 좌절 역시 진짜며, 플레이브 멤버들이 1위를 받고 흘린 눈물도 진짜다. 버추얼 유튜버는 단순히 '가상의 캐릭터'가 아니라는 이야기다. 그들은 기술이 가능하게 만든 새로운 형태의 표현이고, SNS 네이티브 세대가 받아들인 새로운 소통의 방식이며, 꿈을 이루기 위한 새로운 무대다. 가상이지만, 그 어떤 아티스트보다 진심인 이들이 숨 쉬는 곳. 그것이 바로 버추얼 유튜버 기반 아티스트들이 만들어가고 있는 새로운 음악의 풍경이다.

 **추천 앨범**

🔊 모리 칼리오페(森 カリオペ) 〈SINDERELLA〉(2022)

첫 곡 'Taste of Death'부터 KPOP에 익숙한 이들의 도파민을 유도하는 사운드로 가득하다. 버츄얼 유튜버 이전부터 인디 신의 래퍼로 활약했던 그의 퍼포먼스가 트렌디한 사운드와 맞물려 멋진 시너지를 자아내는 메이저 데뷔작이다. 록적인 테이스트를 통해 보다 강렬하고 직선적으로 대중에게 파고드는 'Wanted, Wasted', 가창과 랩을 유연하게 오가며 매력적으로 완급을 조절하는 'Internet Brain Rot', 디스코 리듬과 함께 레트로한 밤의 풍경을 유려하게 그려내는 'Dance Past Midnight' 등 전반적으로 넓어진 놀이터에서 역동적으로 맘껏 뛰노는 그의 자유로움이 느껴지는 작품이기도. 그간 보여주었던 잠재력을 여러 트랙들을 통해 실체화 해내고 있다는 점에 높은 평가를 주게 되는 결과물이다.

🔊 호시마치스이세이(星街すいせい) 〈新星目録(신성목록)〉(2025)

'각자의 혁명'을 테마로 선보인 세번째 정규작은, 보다 다양한 분야의 이들로 제작진을 꾸려 점차 메인스트림으로 자신의 영역을 넓혀가려는 강한 의지가 엿보이는 작품으로 자리한다. 무엇보다 '애니송'이라든가 '버튜버'의 느낌을 최대한 배제하며 음악에서만큼은 '아티스트'로서의 존재감을 우선시하고 있다는 점에 주목할 만하다.

밴드 후지패브릭(フジファブリック)의 야마우치 소이치로(山内総一郎)가 선사한 토속적인 뉘앙스의 '先駆者(선구자)', 유튜브 조회수 1.5억회를 돌파하며 대히트를 기록한 'ビビデバ(비비디바)', 카와타니 에논(川谷絵音) 특유의 서정성을 습기 어린 표현력으로 소화해낸 'ビーナスバグ(비너스 버그)' 등 다양한 형태의 작업을 통해 자신 또한 성장과 진화를 거듭하고 있음을 보여주고 있다. 캐릭터 없이 음악만으로도 충분히 승부할 수 있다는 것을 증명하는, '버츄얼 유튜버'라는 틀을 결코 가볍지 않은 각오로 깨부수고 있는 멋진 작품.

PART 5

칼라파고스의 설계자들:
그들만의 독자적 시스템

록의 나라, 일본
- 밴드 문화가 꽃핀 이유를 찾아서

2023년 펜타포트 록 페스티벌 헤드라이너로서 한국을 찾은 엘르가든(ELLEGARDEN)과 운 좋게 인터뷰를 할 기회가 있었다. 엘르가든이 누군가. 1998년 데뷔 후 영미권 펑크 록을 기반으로 범접할 수 없는 커리어를 쌓아온 이들이다. 당시 "도대체 일본에서 아직까지 이렇게 밴드뮤직이 사랑받는 이유가 무엇인지" 질문을 던졌던 기억이 난다. 세계적으로 봐도 록 뮤직은 완연한 하향세를 타고 있는 반면, 이상하리만치 일본 대중음악계의 핵심에는 꾸준히 록 밴드가 자리해 온 데에서 나온 궁금증이었다.

역사를 살짝만 톺아보자. 1960년대를 이끌었던 GS 붐을 시작으로, 1970~80년대를 관통한 뉴뮤직과 시티팝도 결국 그 근간은 밴드 사운드였으며 전 세계 일렉트로닉계에 엄청난 파급력을 가져온 옐로우 매직 오케스트라 역시 록 밴드 출신인 호소노 하루오미(細野 晴臣)와 다카하시 유키히로(高橋 幸宏)가 합류해 만들어진 팀이었다. 뒤이

어 1980년대 후반 TBS의 〈生かすバンド天国(멋진 밴드 천국)〉라는 밴드 오디션 프로그램은 그야말로 밴드 붐을 '사회현상'으로 이끌기도 했다. 1990년대를 그야말로 좌지우지했던 프로듀서 코무로 테츠야 역시 시작은 밴드 포맷의 티엠 네트워크였으며, 2000년대 들어와서도 순수 악기소리만을 베이스로 한 신예들의 출현은 끊이지 않고 있다. 이런 생태계에 대해 엘르가든의 프론트퍼슨인 호소미 타케시(細美 武士)는 자신있는 목소리로 이렇게 대답했다. "저도 잘 모르겠어요! 그냥 저희는 굉장히 행운이라고 생각을 해요!"

지금 돌아보면 우문현답이라는 생각이 든다. 한 두 가지 이유만으로 그 역사의 정당성을 설명하기란 내가 봐도 불가능에 가깝다. 다만 몇 가지 짚어 볼 수 있는 지점은 충분히 존재한다고 생각한다. 우선 전후 일본의 특수한 역사적 배경을 살펴볼 필요가 있다. 패전 후 연합군이 일본에 주둔하게 된 영향을 간과할 수 없기 때문이다. 미국 점령군(GHQ)이 설치한 민간정보교육국(CIE)은 출판과 방송을 통해 일본 전역에 미국 음악을 침투시켰고, 재즈나 부기우기와 같은 장르가 자리를 잡으며 자연스레 악기와 친숙해지는 계기를 마련했다. 이 활기찬 리듬은 아이러니하게도 허탈감에 빠져 있던 일본인들에게 해방감과 생명력을 부여했고, 일본 팝스의 아버지라 불리는 핫토리 료이치(服部 良一), 전후 최고의 히트메이커라 불리던 요시다 마사시(吉田 雅志) 등의 작곡가들이 서양 음악과 자국 고유의 정서를 융합해 이러한 흐름을 부채질했다.

까랑까랑한 디스토션을 무기로 했던 벤처스(The Ventures)의 두번째 일본 공연(1965), 뒤를 이은 비틀즈(The Beatles)의 첫 부도칸 라이브

(1966)는 결정적이었다. 카야마 유조(加山 雄三)와 같은 아티스트는 일렉트릭 기타의 트렌드를 받아들여 이른바 '에레키 붐'이 열도를 관통하는 데에 큰 역할을 하기도 했다. 그런데 전통적으로 보수적이고 집단주의적인 일본사회에서 록 음악 같은 개인주의적이고 반항적인 장르가 어떻게 수용될 수 있었을까. 패전의 충격으로 기존 가치관이 흔들린 상황에서 젊은 세대가 새로운 정체성을 모색할 수 있는 여지가 생겼고 그 출구 역할을 한 것이 록 음악이었다는 가설을 세울 수 있다고 생각한다. 특히 집단을 위한 희생에서 벗어나 각자의 개성을 살리는 것이 미덕임을 젊은이들이 깨닫기 시작한 것도 비틀즈가 준 영감과 당시 사회적 분위기가 맞아 떨어진 결과라고 할 수 있을 것이다.

이러한 사회적 배경으로 '악기 중심의 음악'이 구체화되기 시작하던 시기에 등장한 것이 바로 1954년 도쿄에서 시작된 야마하 음악교실이었다. 악기를 구매한 고객들이 이를 제대로 활용할 수 있도록 돕겠다는, 다분히 사업적인 관점에서 시작한 서비스였다. 교육을 넘어 악기 제작 및 콩쿠르 개최를 통해 보다 폭넓은 차원에서의 '취미로서의 음악 연주' 보급을 도모했다. 이 과정에서 자연스레 유소년 교육의 중심이 악기로 옮겨가게 되고, '악보를 읽을 줄 알아야 학교에 가서 고생 안 한다'는 인식을 통해 일본 사회 전체의 음악 리터러시를 높이는 결정적 역할을 했다.

이와 함께 일본의 청춘을 상징하는 '부활동'도 빼놓을 수 없다. 의도적 제작이 아닌, 자연스레 방과 후 활동에서 음악을 시작해 정체성을 지속해 다듬어 메이저 진출을 거머쥐는 과정이 일반적인 루트 중 하나. 우리가 익히 알고 있는 돔/아레나 투어급 아티스트도 그 배경에는

학창시절의 '경음악부'가 있다는 것을 약간의 조사만으로도 쉽게 알 수 있다. 특히 일본 애니메이션을 즐겨보는 이들이라면 이 부활동이 일본 학생들에게 얼마나 큰 부분인지 충분히 이해하고 있을 것이다. 공부 외에 자신이 좋아하는 것을 열정적으로 할 수 있는 절호의 찬스. 어찌 보면 이 부활동은 '청춘'이라는 원동력이 문화적 다양성으로 연계되는 인큐베이터 역할을 하는 셈이다. 공부만을 강요받는 국내 교육 환경과 비교해 보면, 어쩔 수 없이 부러워지는 부분이기도 하다.

인프라적 측면 역시 고려해야 한다. 이런 경음악부에서 활동을 하다 프로의 뜻이 생겼다면, 지역에 있는 라이브하우스를 찾아가 심사를 거쳐 무대에 서는 것부터 시작하기 마련이다. 어느 정도 오리지널리티가 생겼다면 여러 지역에서 열리는 콘테스트에 출전하는 것도 방법이다. 일본은 전국에 조밀한 라이브하우스 네트워크가 갖추어져 있다. 도쿄의 시모키타자와, 시부야, 고엔지는 물론 오사카, 나고야, 후쿠오카 등 전국 각지에 크고 작은 공연장들이 산재해 있어, 신인 밴드들이 무대 경험을 쌓을 기회가 풍부하다.

그렇다고 녹록한 것은 또 아니다. 특히 밴드들이 라이브하우스에서 공연하기 위해 일정 금액을 지불하고 티켓을 할당받아 직접 판매해야 하는 '노르마' 시스템이 그렇다. 일본은 대개 밴드가 티켓 판매 부담까지 져야 한다. 결국 실력이 없거나 성장 가능성이 없으면 이 부담을 감당하지 못하고 자연 도태되기 마련이다. 이런 치열한 경쟁을 통해 조금씩 프로의식을 갖춰나가며, 어떻게 전략적으로 접근해 사람들의 관심을 모을지 고민해가기 시작한다. 한 마디로 누구나 문을 두드릴 수는 있지만, 그 문을 통과하는 것은 결국 재능과 스타성을 갖춘 이들이라는 사실이다.

서브컬쳐의 다양성에 익숙한 일본 대중의 수용력 역시 밴드 문화가 융성할 수 있는 요인 중 하나다. 기본적으로 일본의 밴드 신은 기획의 영역을 벗어나 각 팀이 대체할 수 없는 음악과 아이덴티티를 보여주는 측면이 강하다. 때문에 상대적으로 활동에 있어 큰 제약을 받지 않는 편이다. 그렇기에 각자가 가진 음악 스타일과 메시지성이 상이하며, 때로는 대중들이 이를 받아들일 수 있을까 싶을 정도의 파격적인 결과 물도 종종 탄생한다. 그럼에도 완성도가 있고 매력이 충분하다면 나름 의 지지층을 형성해 꾸준히 활동을 이어 나가는 경우가 많다. '뭘 하든 일단은 들어주는', 혹은 '내 취향에 맞지 않으면 아예 관심을 두지 않 는' 그런 애티튜드야말로 자유롭게 자신들의 음악 세계를 펼쳐 보일 수 있는 요인으로 자리하고 있다고 확신한다.

결국 일본 음악 신에서 밴드가 성행하는 이유는 역사적 배경과, 교 육 시스템, 문화적 인프라와 특성, 대중의 성향 등이 복합적으로 작용 한 결과다. 많은 이들이 내수 시장의 거대함이 이들의 발목을 잡았다 고들 언급하지만, 그것이 독창적인 문화를 만들어낼 수 있는 여유를 제공하며 결국 지금과 같은 경쟁력으로 이어지지 않았나 싶다. '유일 무이한 환경'에서 진화에 진화를 거듭해 지금에 다다른 일본의 밴드 신, 시대의 바람을 타고 조금씩 더욱 넓은 곳으로 자신들의 세력을 확 장하고 있는 중이다.

시티팝은 왜 전 세계에서 이토록 사랑받는가

- 현실로부터 도피하고픈 이들을 향한 '향수'라는 환상

주위에 일본 음악은 잘 몰라도 '시티팝'에는 흥미를 보이는 음악 애호가들이 여럿 있다. 높은 완성도 기반의 도회적 정서가 선사하는 낭만과 풍요로움. 추억을 돌아보고 싶은 이들과 새로움을 쫓는 이들을 모두 만족시킬 수 있는 강력한 노스탤지어가 바로 시티팝의 매력이 아닐까 싶다. 1970년대 중후반을 거쳐 탄생한 이 조류는 2000년대에 접어들며 서구권으로 퍼져가기 시작했고, 최근엔 한국의 젊은 세대를 중심으로 트렌디하게 받아들여지고 있기도 하다.

누군가 나에게 "그래서 시티팝은 무슨 음악인가요?"라고 묻는다면 조금은 곤란하겠다 싶다. 이 용어 자체가 상당히 애매한 개념이기 때문이다. 1970년대 중반 즈음부터 일본 레코드 회사들이 도시의 풍경이 연상된다는 이유로 '시티팝'이라는 말을 쓰기 시작했으나, 그 안에 담긴 장르적인 함의는 희미했다.

카테고리의 효시격으로 평가되는 슈가 베이브(シュガー·ベイブ)의

〈SONGS〉(1975)를 통해 그 윤곽을 어느 정도 가늠할 수 있다. 서정적인 멜로디와 세련된 코드 진행, 재즈와 소울의 뉘앙스, 정교한 연주력을 바탕으로 한 영미권 AOR의 문법이 시티팝의 설계도에 상당 부분 녹아들어 있음을 확인할 수 있다. 요컨대 시티팝은 서구 음악에 대한 깊은 이해를 토대로 일본 특유의 미의식을 절묘하게 접목시킨 양식이라 할 수 있다.

그럼에도 아티스트별로 음악적 지향점이 상이함에 따라, 상당부분 정서에 기대어 설명하는 것이 보다 용이하다고 판단된다. 시티 팝의 배경은 고도 경제성장을 거친 현대의 도쿄이며, 급격한 도시화로 인해 수도로 '상경'하는 것이 당연시되던 시기였다. 화려한 네온사인 속 로맨틱하고도 부유한 삶, 이 환경에서 필연적으로 따라오는 고독감과 향수까지. 경제 발전에 따라 파생되는 복합적인 감정이 이 장르에서 공통적으로 발견되는 지점이다.

일본의 브루스 스프링스틴을 자처했던 사노 모토하루(佐野 元春)의 히트곡 'SOMEDAY'(1982)와 같이 공허함을 전면적으로 그려낸 곡도 있었지만, 1980년대 중후반을 향해갈수록 버블 시기의 경제적/정신적 여유에 기반한 '낭만', '노스탤지어' 등의 긍정적인 키워드가 상대적으로 부각되었다. 평일에는 도시에서의 분주한 풍경, 주말에는 바닷가에서 서핑을 즐기는 '리조트 휴양'의 라이프스타일이 자리잡았고 이것들이 시티팝의 주요 소재가 되었다. 오타키 에이치(大瀧 詠一)의 〈A LONG VACATION〉(1981)과 야마시타 타츠로(山下 達郎)의 〈FOR YOU〉(1982)는 당시 리조트 문화의 대표적인 BGM으로 이르게 분했던 앨범이다.

여기에 나가이 히로시(永井 博), 스즈키 에이진(鈴木 英人), 와타세 세이조(わたせ せいぞう) 등의 일러스트레이터가 한여름의 해변·해안 고속도로·수영장 등의 그림을 더하며 우리가 시티팝 하면 떠올리는 특유의 스타일과 미감을 완성했다. 어쨌든 일본인들에게도 시티팝은 '행복했던, 경제적으로 융성했던 일본의 전성기를 대변하는 작품'이라는 의미를 지니고 있음은 분명하다.

　이런 낭만의 음악화에는 고도 성장기라는 든든한 토대가 있었다. 야마시타 타츠로가 데뷔작 〈CIRCUS TOWN〉(1976)을 뉴욕과 LA로 건너가 녹음한 일화는 당시 일본 음악계의 자본력을 보여주는 단적인 예다. 이는 예산 걱정 없이 음악적 실험을 감행할 수 있는 환경, 최고 수준의 세션들과 작업할 수 있는 여건 속에서 아티스트가 성장했다는 것을 말해준다. 그 결과 탄생한 결과물들은 지금 들어도 손색없을 정도의 완성도를 자랑한다. 테라오 사토시(寺尾 聰)의 'ルビーの指環(루비 반지)'(1981), 안리의 '悲しみがとまらない(Can't Stop the Loneliness)'(1983), 나가하라 메이코(中原 めいこ)의 '君たちキウイ·パパイア·マンゴーだね。("너희들 키위·파파야·망고구나.)'(1984), 마츠다 세이코(松田 聖子)의 '風立ちぬ(바람이 분다)'(1981) 등 다양한 음악적 소재를 심거나 아이돌 팝과의 협연을 통해 그 외연을 빠르게 확장한 것이 바로 1980년대 중반까지의 흐름이라고 보면 이해가 쉬울 듯하다.

　시티팝은 이처럼 일본의 찬란함을 쫓던 음악이었기에, 버블경제의 붕괴와 함께 그 낙관적인 도시 문화가 막을 내린 것 역시도 당연한 일이었다. 1990년대 들어 시티팝은 사그라들고, 시부야계와 비주얼 록이 부상했다. 우타다 히카루라는 신성은 블랙뮤직의 새 시대를 열었다. 이후 2000년대에 들어서야 서구 클럽 DJ들이 일본 시티팝을 레어 그루브로 재발견하고 플레이하기 시작하며 시티팝의 재조명이 시작되었다. 이 과정에서 결정적인 역할을 한 것이 베이퍼웨이브(vaporwave)와 퓨처 펑크(future funk)라는, 인터넷 기반 하위문화와 노스탤지어가 맞물리며 만들어진 장르였다.

1980~90년대의 향수를 기반으로 '존재하지 않았던 과거'의 재조립을 특징으로 하며, 인터넷이 막 들어온 시기의 이미지에 디스코/펑크/하우스의 샘플링을 왜곡하고 잘라 붙이며 새로운 미학을 구축했던 것이 바로 베이퍼웨이브였다. 전체적인 콘셉트는 유지한 채 댄서블한 음악으로 조타수를 돌린 퓨처 펑크는 시티팝을 더욱 적극적으로 샘플링했다. 여기에 다프트 펑크(Daft Punk)의 〈Random Access Memories〉(2013)의 글로벌 히트는 시티팝을 비롯한 80년대 디스코를 재해석하는 움직임에 힘을 실어주었다. 다양한 국적의 청년들이 시티 팝을 '쿨한 과거의 잔해'로 주목하는 퓨처 펑크 온라인 커뮤니티가 생겨났고, 이것이 점점 커져 2021년 미국에서 열린 〈Neon City Cruising〉 행사에서는 현지 약 2,000명의 관객들이 쇼와시대의 음악을 합창하는 진풍경을 낳는 결과로 이어졌다.

우리나라를 포함한 시티팝 부활의 결정타는 아무래도 타케우치 마리야(竹内まりや)의 '프ラスティック·ラヴ'(Plastic Love)'(1984)일 것이다. 'Plastic Lover'라는 유튜브 유저가 무단으로 업로드한 버전이 알고리즘을 타고 전 세계로 퍼져나가며 4천만회 이상의 조회수를 기록, 붐을 부채질했다. 흥미로운 것은 섬네일의 사진이 'プラステ

ィック・ラヴ'(Plastic Love)'가 아닌, 타케우치 마리야의 얼굴을 담은 'Sweetest Music'의 재킷이었다는 사실이다. 일러스트 공유 커뮤니티 디비언트아트(DeviantArt) 유저들이 그 사진에 호기심을 갖게 되고, 이를 모방한 일러스트를 대량 업로드하며 일종의 밈으로도 거듭나게 된다. 곡이 가진 인조적 사랑이라는 메시지가 베이퍼웨이브의 미학과 자연스럽게 연결됨과 동시에, 시티 팝의 새로운 소비형태를 촉진한 음악 신의 큰 사건이었다.

마츠바라 미키(松原 みき)의 '真夜中のドア(한밤중의 문)~Stay With Me'(1979)는 이와 같은 시티팝 붐을 사업적 성과와 연계시킨 사례다. 2020년 10월 인도네시아 유튜브 싱어 레이니치(Rainych)의 커버 영상 업로드와 동남아시아 유저에 의한 틱톡 밈을 계기로 재생 수가 폭증한 것을 계기로 글로벌 바이럴 차트 1위를 기록. 음반사 포니캐년은 빠르게 이를 캐치해 애니메이션 기반의 리릭비디오를 공개했다. 젊은 이들이 음악을 애니메이션과 일러스트와 결합된 형태로 소비할 것이라 예측한 움직임이었다. 'プラスティック・ラヴ'(Plastic Love)'가 화제는 모았을지언정 실제 수익으로는 이어지지 못했던 반면, 이 곡은 이와 같은 전략적 움직임을 통해 스트리밍을 유도하며 현 플랫폼에 맞는 새로운 사업모델을 구축하는데 성공했다. 과거라면 시디 재발매 등으로 이어졌을 움직임이, 지금 시대에 맞게 그 옷을 갈아입은 셈이다.

이처럼 우리나라에도 시티팝은 거리를 오가면서도 흔하게 들을 수 있는 그런 일상의 문화로 정착한 것처럼 보인다. 그 와중에도 이를 사랑하는 한국인들의 동기는 세대별로 확연히 다르다는 것을 언급하고 싶다. 40대 이상의 중장년층에게는 실제 경험한 추억의 재현 측면이 크다는 인상이다. 이들 중 상당수는 길게는 10년 이상 음악적 취향으로 시티팝을 즐겨왔을 것이다. 경제적으로는 지금만 못했지만 미래에 대한 희망이 있었고 조금 더 정감 있었던 청춘에 대한 회고가 청취를 통해 구체화된다.

이 정서는 일본의 풍요로움과는 조금 거리가 있지만, 어쨌든 '나의 전성기, 고민이 없던 젊은 날의 표상'을 소환하기에는 더없이 적합한 음악들이다. 무엇보다 이 세대의 경우 윤수일이나 빛과 소금, 김현철과 같은 유사한 감성을 구현했던 동시대 아티스트를 경험하며 시티팝에 대한 친숙함이 이미 내재되어 있다는 점 또한 참고할 필요가 있다.

젊은 세대에게는 전혀 다른 의미다. 자신이 겪지 못했던 '노스탤지어라는 가상의 유토피아에 대한 동경'이 시티팝 소비의 핵심이다. 더불어 드라마 〈응답하라〉 시리즈가 젊은 대중에게 낭만적인 20세기 이미지를 각인 시킨 것도 중요한 역할을 했다. 결국 자신들이 겪어보지 못한 시대에 대한 갈망이 시티팝을 통해 '상상 속 향수'로 재조립되는 것이다. 이는 뉴진스의 'Ditto'가 인기를 얻은 맥락과도 교집합이 있다. 껍데기만 존재하는 듯한 SNS 시대의 10대들이 '아날로그적 학창 시절'을 간접 경험하며 현실도피의 대리만족을 얻는 일련의 흐름이 닮아있다는 이야기다.

시티팝 열풍을 '일본 음악에 대한 관심 증가'로 해석하기엔 약간 무리가 따른다. 음악적으로든 정서적으로든 사람들이 시티팝을 듣는 명확한 이유가 있고, 이 부분이 우리가 흔히 이야기하는 JPOP이 지향하는 방향과는 다소 독립적으로 전개되기 때문이다. 특유의 그루브감과 세션들의 뛰어난 연주력, 높은 사운드 퀄리티와 긍정적인 아련함을 자아내는 멜로디는 국적을 떠나 보편적으로 어필할 수 있는 요소들이다. 더불어 일본 음악 특유의 로컬적 측면으로 인한 거부감도 시티팝 앞에서는 무의미하다. 일본 음악은 선호하지 않아도 시티팝에 대해서 만큼은 호감을 나타내는 이들도 상당수 존재한다. 현재 전 세계적으로 시티팝이 재평가받고 있는 이유, 그것은 아마 일본 문화에 대한 관심보다는 음악적 완성도에 따른 특유의 매력 덕분이 아닐까 생각이 든다.

앞서 언급했듯 시티팝의 유행은 음악적 요소와 시대적 우연, 그리고 디지털 시대의 재발견이라는 예측하기 어려운 조합에서 나온 것일지도 모른다. 분명한 것은 시티팝이 '과거 일본 도시문화와 세계화된 디지털 소비 환경이 결합한 새로운 음악 현상'이라는 점이다. 시티팝의 글로벌 인기에는 일본에 대한 서구적 시선이 개입되어 있다는 비판도 제기된다. '이국적이면서도 세련된 일본 문화'에 대한 로맨틱한 환상이 음악 자체의 가치와 혼재되어 있다는 것이다. 이러한 의견 또한 결국 시티팝은 음악 그 자체보다도, 우리가 그 음악을 통해 꿈꾸는 라이프스타일에 대한 판타지라는 점을 재차 일깨운다. 그 판타지가 지금 이 시대에 특별한 의미를 갖는다는 것, 그것이 바로 시티팝 현상의 핵심이 아닐까 싶다. 현대인들에게 있어 삶에 대한 불안감이 가중되는 상황에서, '더 나았던 시절'에 대한 환상을 제공하는 음악. 각자가 상상하는 이상적인 과거로의 도피처로서, 지금도 시티팝은 우리나라를 비롯한 전 세계에서 울려퍼지고 있다.

 추천 앨범

◀)) 오타키 에이치(大瀧詠一) **〈A LONG VACATION〉**(1981)

시티팝이 하나의 문화 현상으로 자리잡는 데, 더불어 지금 대중들이 인식하는 '이미지' 형성에 결정적 역할을 한 기념비적 작품이다. 앨범 타이틀부터 당시 일본 중산층이 꿈꾸던 이상적인 여가 생활을 표현하고 있으며, 특히 '君は天然色(그대는 천연색)'는 여름 바캉스와 해변가의 로맨스를 노래하며 '리조트 문화'를 상징하는 곡으로도 자리한다. 경제적 여유와 문화적 세련미가 절묘하게 결합된, 일본이 고도 경제성장기였기에 가능했던 작품이기도 하다.

필 스펙터가 구사한 리버브 중심의 '월 오브 사운드'에서 많은 영감을 받으면서도, 일본 특유의 서정성을 잃지 않는 절묘한 균형감이 이 앨범의 가장 큰 장점이 아닐까 싶다. 앨범 전체를 관통하는 오케스트레이션과 코러스 워크 역시 전혀 촌스럽지 않은 프로덕션 퀄리티를 자랑한다. 이후 수많은 아티스트에게 영향을 줌과 동시에, '일본의 스탠다드 팝'을 명료하게 제시하며 전세계 첫 CD 발매작 20장에 포함되기도 한 그야말로 위대한 앨범이다.

◀)) 야마시타 타츠로(山下達郎) **〈Melodies〉**(1983)

그의 대표작을 언급할 때 항상 〈FOR YOU〉(1982)와 이 앨범 사이에서 갈등하게 되는데, 아무래도 매해 12월 25일만 되면 약속한 듯 울려 퍼지는 'クリスマス·イブ'(Christmas Eve)'로 인해 결국 이 쪽의 손을 들어주게 되는 것 같다. 시티팝이라는 장르의 완성도를 최고 수준으로 끌어올린 작품 중 하나이며, 서구 음악에 대한 깊은 이해와 일본의 감성을 완벽하게 융합, AOR과 소프트

록의 세련된 결합을 성공적으로 구현하고 있는 교과서적인 작품이다. 앞서 언급한, 1인 아카펠라를 통한 경이로운 코러스 워크를 그려낸 '*クリスマス·イブ*'(Christmas Eve)'를 필두로, 특유의 리드미컬함이 도드라지는 '*悲しみのJODY*(She Was Crying)', 혼 세션과 함께 바닷가의 청량한 감성을 그려낸 '*高気圧ガール*(고기압 소녀)' 등 시티팝의 골든 스탠다드로 여겨지며 지금까지도 가장 사랑받는 작품 중 하나로 자리하고 있다.

◀)) 타케우치 마리야(竹内まりや) 〈Variety〉(1984)

시티팝 부활의 결정타 역할을 한 '*プラスティック·ラヴ*(Plastic Love)'가 수록된 앨범으로, 40년이 지난 지금 전 세계 젊은이들을 매료시키고 있다는 사실 자체가 시티팝의 시대 초월적 매력을 증명한다. '*プラスティック·ラヴ*(Plastic Love)'외에도 모타운의 정취를 순도 높게 담아낸 '*本気でオンリーユー*(Let's Get Married)', 조금 더 일본의 감성에 바로미터를 맞춘 'One Night Stand', 로큰롤에 가까운 운영이 좀 더 넓은 범위의 시티팝을 정의하고 있는 '*アンフィシアターの夜*(대강당의 밤)' 등 일부만으로 전체를 판단하기에는 아까운 완성도를 갖추고 있다. 스스로 주조한 캐치한 선율과 감미로우면서도 쿨한 보컬, 남편인 야마시타 타츠로가 리드한 치밀한 편곡이 과거의 명반을 넘어 현재의 문화현상까지 빚어내고 있는, 시티팝을 넘어 일본 대중음악사 속 또 하나의 마스터피스.

양국 아이돌 시스템의
연결고리 : AKB48, 그리고
총선거 시스템

KPOP에 조금이라도 관심이 있다면, 그야말로 스타 탄생의 산실이 었던 〈프로듀스 101〉을 기억할 것이다. 〈슈퍼스타 K〉의 성공 이후 새로운 콘셉트의 오디션 프로그램을 준비하던 엠넷은, 대형 기획사들이 보유하고 있던 연습생들에 착안해 아이돌 그룹 제작으로 그 방향을 전환하게 된다. 그렇게 "지금 당신의 소녀에게 투표하라"라는 슬로건을 내걸고 첫 선을 보인 〈프로듀스 101〉은, 98명이 단체로 선보인 'Pick me' 무대를 통해 대중의 호기심을 끄는데 성공했다.

101명이라는 방대한 규모의 연습생 참여, 등급 부여 및 공개 순위 발표 등 콘셉트가 알려지며 화제를 모으기 시작했는데, 그 중에서도 가장 사람들의 관심을 끈 것은 시청자 투표만으로 데뷔 멤버가 결정된다는 점이었다. 이전 세대의 서바이벌이 이른바 '전문가'들의 심사평에 의해 주도되었다면, 이제는 그 역할을 시청자에게 이양한 셈이었다. 그야말로 대중의 지위를 관전자에서 참여자로 격상시킴과 동시에,

'팬덤'의 존재감을 더욱 수면 위로 끌어올린 상징적인 순간. 그렇게 이 프로그램은 '국민 프로듀서'라는 게임 체인저를 등장시키며 다시금 KPOP 신의 격변을 예고했다

　단순한 응원에서 나아가 자신이 직접 '최애'를 데뷔시킬 수 있다는 손에 잡힐 듯한 감각. 그것은 대중에게 상상 이상의 몰입도를 제공했다. 안 그래도 다량의 도파민 분비를 목적으로 한 자극적인 편집이 동반되는 가운데, 멤버늘의 성장과 배경까지 더해지니 한시도 눈을 뗄

수 없는 강력한 엔터테인먼트로 변모하게 된 셈이었다. 10대들이 중심이 되다보니 여러가지 화제가 SNS를 통해 전파되는 것도 순식간이었다. 더불어 자신들이 지지하는 멤버를 홍보하는 활동이 실제 선거 운동 마냥 가세하면서 그 열기는 더욱 뜨거워졌다. 정말 'K-오디션'의 시초가 있다면 그것이 〈프로듀스 101〉이 아니었나 싶을 정도. 이 과정을 거쳐 탄생한 첫번째 그룹 아이오아이는, 신인으로는 쌓기 힘든 서사를 손에 넣은 상태로 데뷔하며 큰 인기를 누렸다.

아이돌에게 있어 스토리가 중요하다는 것은 이전부터 익히 알려진 사실이다. 이전까지는 데뷔를 앞두거나 확정된 그룹이 기획사의 지원을 바탕으로 방송사에 리얼리티 프로그램을 런칭하는 식이 대부분이었다. 다만 이 공식이 반복되며 인위적인 연출이나 일부 소속사의 그룹들만 혜택을 보는 모습에 불편함을 느끼는 대중들이 늘어갔다. 이와 함께 더이상 신인 그룹의 발사대 역할에만 머물 수 없다고 느꼈던 엠넷은, 〈프로듀스 101〉의 성공을 계기로 영세한 중소 규모 회사들에게 절대적인 존재로 군림하며 본격적으로 아이돌 제작을 통한 수익 창출에 역량을 쏟게 된다. 다만 이후 데뷔 멤버 내정, 투표결과 조작 등 이들의 만행이 밝혀지며 사회적 물의를 일으키기도 했다. 그래도 확실한 것은, 프로듀스 시리즈가 야기했던 영향력은 KPOP의 역사를 언급할 때 결코 간과할 수 없는 거대한 상징성을 담보하고 있다는 사실이다.

서두가 길었다. 혹자는 일본 음악 책이라더니 왜 이렇게까지 길게 KPOP에 대한 이야기를 하고 있느냐고 되물을지도 모르겠다. 말하고자 하는 핵심은, 이 프로듀스 시리즈가 채택한 투표 시스템이 일본에서 가져온 방식이라는 사실이다. 사실 아는 사람들은 이미 첫 예고만 보고도 AKB48의 총선거와의 유사성을 감지하였을 것이다. '언제든 만날 수 있는 아이돌'이라는 콘셉트로 2006년 데뷔한 AKB48는 다수의 멤버가 팀으로 나뉘어 활동하는 독특한 시스템을 갖추고 있다. 이들은 기본적으로 인기가 많은 멤버들이 중심이 되어 미디어 활동을 전개하고, 그 주인공들은 연례 총선거 결과를 통해 결정된다. 모든 파생 그룹과 연습생 개념의 연구생들까지 참여하면, 총 투표 대상자는 200명이 훌쩍 넘어갈 정도로 거대한 이벤트다. 투표권은 싱글 CD에 포함되어 있던 탓에, 복수 투표를 위한 다량 구매가 2010년대 CD 판매량 인플레이션의 주요 원인이 되기도 했다.

언뜻 보면 마니아들 중심의 서브컬처 같기도 하나, 2010년대 초중반엔 거의 국민 아이돌에 가까운 인기를 누리고 있었기에 일반 대중의 관심도 만만치 않았다. 총선거 결과 발표가 후지테레비를 통해 생중계되었는데, 그때그때 멤버들의 여러 소감이 화제가 되기도 했다. 가장 많이 회자되는 것은 2번째 총선거에서 2년 연속 1위를 차지한 마에다 아츠코(前田 敦子)의 소감. 인기만큼 안티도 많았던 그였기에, 그룹에 해가 가는 것을 우려해서 꺼낸 "저는 미워해도 AKB는 미워하지 말아주세요"라는 한마디가 큰 반향을 일으켰고, 수많은 콘텐츠에서 패러디 요소와 밈으로 정착해 지금까지도 회자될 정도다. 이처럼 내가 좋아하는 멤버를 이른바 '선발'로 발돋움 할 수 있도록 서포트가 가능하다는 메커니즘. 앞서 말한 음반 사재기나 365일 늘 경쟁에 노출될 수밖에 없는 멤버들의 스트레스 등 여러 부작용을 낳기도 했지만, 결과적으로는 거대한 수익창출을 이끌었던 AKB48의 근간과 같은 요소다.

이처럼 총선거를 한국에 맞게 벤치마킹 했다고 볼 수 있으나, AKB48의 총선거와 프로듀스 시리즈 사이에는 뚜렷한 차이가 있다. AKB48의 경우 실제로 전파를 타는 것은 투표결과 발표 뿐이고, 사람들은 1년 동안 여러 매체를 통해 확인한 멤버들의 활약에 근거해 표를 던진다. 반면 프로듀스는 투표를 포함한 과정 전체를 3개월에 걸쳐 보여주는 '완성된 프로그램'이다. 이 말인 즉슨 프로듀스 시리즈가 상대적으로 편집 과정에서 자신들이 하고자 하는 의도를 쉽게 반영할 수 있다는 것이다. 실제 방영 당시에도 특정 연습생을 편집하거나 부각시킨다는 비판이 이어졌고, 결국 투표 데이터 조작이 밝혀지며 데뷔 조의 활동이 전면 취소되기도 했다. 지금까지도 이로 인한 상처가 많은 이들에게 남아있다는 점에서, 엠넷의 벤치마킹이 순전히 건설적인 방향으로만 진행되었다고 하긴 어려워 보인다.

나 역시 한 때 AKB48을 비롯한 해당 계열 그룹의 노래를 말 그대로 '헤비 로테이션' 하던 시기가 있었다. 지금은 살짝 그 관심이 식었지만, 확실히 이들의 음악엔 KPOP으로 채워지지 않는 무언가가 있다. 화려하고 트렌디한 음악, 고도의 테크니컬함이 돋보이는 퍼포먼스로 세계적 인정을 받는 KPOP은 한국인으로서 분명 자랑스러운 파워 콘텐츠이다. 이와 대비되는 정석적인 멜로디와 일상성 있는 가사, 일찌감치 '성장하는 서사'로 무장한 일본 아이돌 그룹의 매력 또한 무시하기 어렵다. 에스파의 쇠맛이 절실한 날이 있고, 프루츠 지퍼의 아기자기함이 필요한 날도 있는 법이다. 나에게 있어 양국의 음악은 단순한 선택지가 아닌 상호보완재에 가깝다.

지리적으로 인접한 두 나라의 음악은 마치 바다를 사이에 두고 서로의 빛을 비추는 등대와도 같다. 시간이 흐르며 그 빛의 강도와 색은 변할지언정, 서로에게 길을 밝히는 존재임에는 변함이 없다. H.O.T.나 젝스키스 같은 한국 초창기 아이돌이 스맙이나 V6와 같은 쟈니스 소속 그룹을 어느 정도 모티브로 했다는 점은 공공연하게 알려진 사실이다. 최근에는 일본의 많은 아이돌 그룹이 KPOP 시스템을 참고하거나 업무 제휴를 통해 제작되고 있다. 이처럼 양국의 음악 신은 끊임없이 서로를 탐색하고 배워간다. 앞으로는 프로듀스 시리즈와 같은 다소 씁쓸한 사례 대신, 진정성 있게 영감을 주고받으며 각자의 색채를 더욱 선명하게 빛낼 수 있는 공존의 길을 함께 걸어가길 바랄 뿐이다.

추천 앨범

🔊 AKB48 〈1830m〉(2012)

위 글과 연결해, AKB48의 음악 세계를 경험하고 싶다면 이 작품을 추천하고 싶다. 물론 'ヘビーローテーション(헤비 로테이션)'이나 '恋するフォーチュンクッキー(사랑하는 포춘 쿠키)'와 같은 더욱 상징적인 곡들이 있지만, 앨범 자체로의 완성도만큼은 이 한 장을 따라잡을 수 없다고 생각한다. 제목은 아키하바라에서 도쿄돔까지의 실제 거리를 의미하는데, 그룹의 절대적 센터였던 마에다 아츠코의 졸업을 앞둔, 그리고 돔 공연을 앞둔 시점에 선보이며 AKB48 역사의 중요한 전환점을 담고 있는 작품이다.

다른 아이돌 그룹들이 마니악한 방향으로 나아가는 것과 달리 대중성과 특유의 정서를 균형 있게 담아내고 있으며, 멤버들의 서사를 담거나, 혹은 사람이라면 공감할 수 있는 일상성을 중심으로 여러 다채로운 이야기들이 공존하고 있다는 점도 언급할 만하다. 정식 넘버링 싱글들은 물론, 다카하시 미나미와 마에다 아츠코의 '思い出のほとんど(추억의 전부)'나 시마자키 하루카의 팀 4가 부른 '走れ！ペンギン(달려라 펭귄)' 등 한국의 화려한 KPOP과는 또 다른 일본 아이돌 음악의 매력을 느낄 수 있는 구성으로 완성되어 있다.

간판을 바꾼 쟈니스,
바뀌지 않은 시스템

1990년대~2000년대에 일본 음악을 좋아했던 이들이라면, 이 도시 괴담을 한번쯤은 들어봤을 것이다. 쟈니스 소속 그룹들은 사무소 대표인 쟈니 키타가와(ジャニー喜多川)로부터 성폭력을 당했고, 그 대가로 데뷔했다는 이야기 말이다. 당시 일본 방송가에서 맹활약하던 스맙, 아라시, 킨키 키즈(Kinki Kids, 현 도모토) 같은 팀들이 한국에서도 큰 인기를 구가하고 있던 시기였다. 마치 사실인 마냥 회자되던 소문이었으나, 제대로 된 국내보도나 공식적 확인이 없었던 탓에 가뜩이나 정보채널이 부족했던 한국 팬들은 대수롭지 않게 '아니겠지'하며 넘기곤했었다.

2000년대 초반 일본 문화 정식 개방 후 오히려 주춤한 JPOP의 기세와는 달리, 쟈니스 그룹에 대한 수요는 꾸준했다. 뛰어난 실력이나 화려함과는 거리가 멀었지만, 예능을 통해 수더분하게 다가오는 이들의 모습이 진숙하게 느껴진 넉분일 것이나. 애초에 '엔터테인먼트'를 목표로 제작된 이들이었고, 그러한 방향성은 우리나라 1세대 아이돌에게 작지 않은 영향력을 행사하기도 했다. 대놓고 언급된 적은 없지만, SM 엔터테인먼트가 H.O.T.를 기획할 당시 미국의 뉴 키즈 온 더 블락과 더불어 버라이어티를 적극 활용했던 스맙을 롤모델로 했다는 사실, 아는 사람은 다 아는 이야기다.

음악도 한몫 했다. 다수의 멤버들이 배우와 겸업했던 만큼, 출연작품의 타이업을 적극 활용함과 동시에 보편적인 정서를 노려 수많은 히트곡을 탄생시켰다. 2000년대 마지막 더블 밀리언을 기록한 스맙의 대표곡 '世界に一つだけの花(세상에 하나뿐인 꽃)'(2003)을 비롯해 드라마 〈꽃보다 남자〉의 주제곡이었던 아라시의 'Love so sweet'(2007), 카메나시 카즈야(亀梨和也)와 야마시타 토모히사(山下智久)라는 두 차세대 유망주가 드라마 〈노부타를 프로듀스〉를 계기로 결성한 슈지 토아키라(修二と彰)의 '青春アミーゴ(청춘 아미고)'(2005) 등. 이 곡명만으로도 당시 일본 연예계가 생생히 떠오르는 이들이 많을 것이다. 이처럼 국내에까지 팬덤을 끌어 모았던 굴지의 엔터테인먼트 세력이었다.

그만큼 시대를 지배하던 집단이었기에 '설마'라는 생각이 정당화되었던 것 같다. 사실 쟈니스 사무소의 창립자인 쟈니 키타가와(2019년 사망)가 소속 연습생들을 성추행했다는 의혹은 1960년대부터 제기되어 왔다. 1988년에는 소속 멤버가 폭로한 내용이 한 주간지에 소개되기도 했으며, 그 이후에도 여러 매체를 통해 언급되어 왔다. 그럼에도 흥행에 쟈니스 그룹이 필요했던 주류 언론은 이를 외면했고, 업계 역시 침묵으로 일관했다. 심지어 쟈니스 주니어 출신인 오카모토 카우안

(岡本 カウアン)이 2022년 해외의 일본 연예계 관련 유튜브에서 직접 성추행을 당했다고까지 말했지만, 메이저 언론 그 누구 하나 나서지 않았을 뿐더러 쟈니스의 압력으로 관련 부분이 편집되고 말았다.

침묵의 카르텔을 깬 것은 역설적이게도 일본이 아닌 영국이었다. 2023년 3월, BBC는 다큐멘터리 'Predator: The Secret Scandal of J-Pop'을 통해 쟈니스 주니어 출신 피해자들의 증언을 공개했다. 다큐멘터리는 쟈니 키타가와가 수백 명의 미성년자를 성적으로 학대했으며, 일본 미디어가 이를 알면서도 방치했다는 사실을 낱낱이 밝혔다. 방영 한 달 후 오카모토 카우안이 '일본 외국 특파원 협회'와의 기자회견에서 영상 공개와 함께 학대를 재차 폭로하며 상황은 일파만파로 커져갔다. 그제서야 부랴부랴 NHK가 해당 뉴스를 보도했고, 그에 힘입어 증언자들이 연이어 등장했다. '유명 기획사 대표의 아동 성착취'라는 사상 초유의 범죄가 마침내 수면 위로 떠오르는 순간이었다.

여론 악화와 함께 국제적 압력이 거세졌고, 결국 이 사건은 유엔인권이사회의 조사 착수까지 이르게 된다. 그 결과 추정으로만 피해자가 수백 명에 이른다는 결과를 발표했고, 쟈니스에서 자체적으로 꾸린 외부 조사단 역시 이를 인정하며 회사의 가족 경영 구조가 학대를 방치하게 만든 주요 원인이라고 결론 내렸다. 이에 당시 사장이었던 후지시마 쥴리 케이코(藤島ジュリー景子)의 사임을 권고했고, 9월 7일 쟈니스는 창립 이래 처음으로 성추행 사실을 공식 인정함과 동시에 후지시마가 직접 사장직에서 물러나겠다고 발표했다. 기자회견장에 있던 전 아이돌 출신인 히가시야마 노리유키는 본인이 새 사장으로 취임할 것이며 대대적인 쇄신해 나갈 것을 약속했다.

10월 2일 쟈니스는 간판을 내리고 피해자 보상을 전담할 〈SMILE-UP.〉로 이름을 변경하고, 아티스트 매니지먼트는 새 회사를 만들어 이관한다는 구조조정 계획을 발표했다. 이후 〈스타토 엔터테인먼트 (STARTO ENTERTAINMENT)〉이라 명명한 후 재정비 기간을 거쳐 2024년 4월부터 소속 연예인들의 활동이 재개되었으나, 사실상 일본 내에서의 입지가 많이 줄어든 상황임은 분명했다. 이 때만 해도 개인적으로는 60년 이상 일본 아이돌 산업을 지배했던 '쟈니스'의 흔적이 역사 속으로 완전히 사라질 것이라 예상했다. 아무리 둔감한다 한들,

현실로 드러난 흉악 범죄를 마주한 일본 대중들이 더 이상 해당 사무소의 그룹들을 보고 싶어 하지 않을 것이라는 판단에서였다.

실제로 당시 다수 방송사와 매체에서 이들을 보이콧했다. 특히 2023년과 2024년 NHK 홍백가합전에 쟈니스 그룹이 한 팀도 출연하지 못했다는 점은 상징적이다. 그만큼 NHK와 쟈니스 간의 유착관계가 끈끈했기 때문이다. 회사의 역사와도 같은 토키오(TOKIO), 캇툰(KAT-TUN)은 해체 수순을 밟는가 하면 영원할 것 같았던 아라시도 2026년 5월을 기점으로 활동을 종료할 예정에 있다. 많은 아티스트가 쟈니스를 떠나 새롭게 소속사를 차리는가 하면, 기존 팀들도 그룹명을 교체하는 등 적극적으로 쟈니스 흔적 지우기에 동참한 것이 최근 2~3년 간의 주된 흐름이었다.

그럼에도 관련 전문가들은 근본적인 구조가 전혀 변하지 않았다고 비판한다. 2025년 6월 임기만료로 사임한 〈스타토 엔터테인먼트〉의 CEO 후쿠다 아츠시(福田 淳)는 2023년 12월 일부 언론사와의 인터뷰 이후 단 한 차례도 기자회견을 열지 않았다. 회사의 초기 자본금 1,000만 엔과 수억 엔 규모로 추정되는 운영자금의 출처 또한 명확히 밝히지 않아, 후지시마 쥴리가 여전히 자금을 제공하거나 보증했다는 의혹이 끊이지 않는다. 한 시사 매체는 '스타토는 쟈니스의 간판만 바꾼 것에 불과한 것처럼 보인다'며, '전임 회사와 같은 폐쇄적인 문화로 되돌아갔다'고 비판하기도 했다. 피해자 보상 문제 역시 불투명성으로 비판받고 있다. 보상 기준을 공개하지 않은 탓에 피해자들 사이에서 불신이 깊은 상태. 그 중에는 아예 배상 불가를 통보받은 이들도 있는 것으로 알려졌다. 일부 피해자들은 "재심사를 요청해도 방치되고 있다"며 "쟈니스에 두 번 살해당한 기분"이라고 호소하고 있다.

일본 언론계 역시 형식적 반성에 그치고 있다는 비판을 받는 모양새다. 일본 주요 방송사들의 출연 금지 조치는 몇 달밖에 지속되지 않았을 뿐더러 광고주들도 하나둘 계약을 재개했다. 도쿄신문과 마이니치신문 등은 2025년에도 '일본 언론의 '침묵'은 계속되고 있다', '미디어가 방송하지 않는 자유를 휘두르고 있다'며 업계의 구조적 문제가 전혀 개선되지 않았다고 비판하고 있다. 수십 년간 미성년자 성폭력을 방조하고 은폐했던 미디어가, 어느덧 예전과 같은 방식으로 회귀하고 있다는 것이다. 이미 '이름만 바꾼 쟈니스'라고 인식되는 스타토 엔터테인먼트가 아직 눈치를 보느라 후속 그룹의 데뷔를 늦추고 있는 모습이지만, 이런 분위기라면 언제 다시 쟈니스의 망령이 일본 연예계를 다시금 점령해도 이상하지 않을 것처럼 보인다.

다행인 것은 일본의 연예계도 분위기가 많이 바뀌었다는 점이다. 지금의 10~20대들은 쟈니스보다는 KPOP 스타가 되기 위해 한국의 대형 기획사 문을 두드리거나 CJ와의 합작을 통해 탄생한 〈LAPONE 엔터테인먼트〉 혹은 비:퍼스트(BE:FIRST)로 대박을 터뜨린 〈BMSG〉에 몸담고 싶은 이들이 훨씬 많아졌다. 몇십 년 동안 유지되어 온 보이그룹 신의 독점현상 종식은 실제 진행 중이며, 어찌 보면 예전과 같은 쟈니스 원 톱 체제로 돌아가기엔 이미 늦었는지도 모르는 일이다. KPOP이라는 패러다임 자체가 일본 아이돌 신을 송두리째 바꿔놓고 있는 작금의 상황이 흥미롭게 느껴지기도 한다.

타임레스(timelesz)나 스톤즈(SixTONES), 웨스트.(WEST.)와 스노우맨(Snow Man), 나니와단시(なにわ男子)등 소속 아이돌들이 여전히 인

기를 누리는 것 자체를 비난할 수는 없다. 그들 역시 연예 활동을 이어가기 위해 어쩔 수 없이 남아야 했던 수동적 주체에 가깝기 때문이다. 문제는 시스템이다. 쟈니스라는 이름을 지우고 스타토라는 새 간판을 달았지만, 불투명한 경영 구조, 방송사와의 유착 관계, 피해자 보상의 불투명성 등 핵심적인 문제들은 하나도 해결되지 않았다. 그리고 무엇보다, 수십 년간 이를 방조하고 은폐했던 일본 미디어의 책임은 여전히 묻혀 있다.

쟈니스 아이돌들이 만들어낸 문화적 가치는 결코 작지 않다. 하지만 그것이 과거의 범죄를 덮는 명분이 될 수는 없다. 회사의 캐치프라이즈처럼 진정으로 '미래를 향해 나아가기' 위해서는, 먼저 과거와 제대로 마주해야 할 필요가 있지 않을까. 겉만 바꾸는 것만으로는 충분하지 않다. 시스템을 바꾸고, 투명성을 확보하고, 피해자들에게 진정한 정의를 제공해야 한다. 그것이 쟈니스가, 뒤늦게나마 피해자에게 용서받음으로써 자신들의 유산을 다음 세대에 물려줄 수 있는 유일한 길일 것이다.

PART 6

·

국경을 가로지르는
멜로디: 엇갈린 시선과
공생의 선율

결핍이 만든 신화,
한국에서 엑스 재팬이
상징이 된 이유

일본 음악을 좋아한다고 누군가에게 이야기할 때, 가장 많이 돌아오는 것이 "오, 일본 음악 좋아하시는구나. 저도 엑스 재팬(X JAPAN) 알아요."와 같은 대답이다. SNS가 보편화된 이후엔 이런저런 전파 채널이 많아진 덕에 빈도 수가 좀 줄어들긴 했지만, 적어도 40대 이상의 '일반 청취자'(여기서 일반 청취자는 음악을 능동적으로 탐색하지 않는 이들을 지칭한다)들 사이에서 엑스 재팬은 여전히 압도적인 인지도를 보유하고 있다. 개인적으로는 선호하는 스타일이 아닐 뿐더러 시대가 겹치는 것도 아니기에, 음악적 취향을 탐색하고 공유하려 할 찰나에 '엑스 재팬'이라는 단어를 들으면 개인적으로는 급속히 시큰둥해지는 것이 사실이다. 원래도 그닥 좋아하진 않았지만, 이 일을 시작하고 여러 사람과 이야기를 나누면서 얼마 있지도 않던 밴드에 대한 애정이 바닥을 쳤다고 해도 무리는 아니다.

그들의 음악적 성취를 폄하하려는 의도는 전혀 없다. 일본 대중음악사에 있어 엑스 재팬의 업적은 필수 불가결한 요소다. 그들은 1980년 대를 주름잡았던 뉴웨이브 오브 브리티쉬 헤비 메탈(NWOBHM)의 흐름을 이어받아 클래식 음악과 발라드에서 느낄 법한 서정성, 그리고 프로그레시브 메탈의 확장성과 거대한 스케일까지 끌어안아 '비주얼 계'라는 독창적 카테고리를 구축한 선구자적 존재다. 해당 장르로서는 전무후무한 밀리언 셀러를 달성하고 5년 연속 도쿄돔 라이브를 성사시키는 등 상업적 성공도 거두었다.

그들이 개척한 서양과 일본을 융합한 독자적인 방향성은 수많은 후배들에게 새로운 길을 제시했고, 루나 시(LUNA SEA)와 글레이, 디르 앙 그레이(DIR EN GREY)나 라르크 앙 시엘 등 대를 잇는 메가 록 스타들을 탄생시킴과 동시에 록 신의 바리에이션을 넓힌 역할도 간과할 수는 없다. 다만, 동시대에 사잔 올스타즈(サザンオールスターズ)나 미스터 칠드런, 비즈, 드림스 컴 트루(DREAMS COME TRUE) 같은 다양한 스펙트럼의 아티스트들이 각각의 영역에서 더 광범위한 대중적 지지를 받았다는 점을 고려하면, 일본 내에서의 엑스 재팬의 상대적 위상은 한국에서의 절대적 상징성과는 꽤 큰 격차를 보인다. 일본인들은 정작 국내 엑스 재팬의 높은 인지도를 의아해할 정도니 말이다.

일본 음악의 지형이 훨씬 넓고 복잡함에도 불구하고, 왜 유독 한국의 특정 세대에게 엑스 재팬이라는 이름은 이토록 강렬히 새겨져 있을까? 첫 번째 요인은 압도적인 시각적 임팩트다. 전성기 시절의 프로필 사진을 보면, 누구라도 그 강렬한 이미지를 망각하기란 쉽지 않을 것이다. 솟아오르다 못해 하늘을 찌를 듯한 헤어스타일과 화려하고도 짙은 메이크업, 고딕풍 기반의 치렁치렁한 패션까지. 그 모습만으로도 누군가에겐 일본 음악을 대표하는 하나의 문화적 표지로 남기에 전혀 부족함이 없었다.

이러한 겉모습과 '재팬'이 들어가는 밴드명에 기반해, 각종 언론 매체들은 검증되지 않은 정보를 토대로 과장된 이야기를 만들어 전파했다. '태극기를 찢은 밴드'라는 가짜 뉴스로 유사 애국심에 호소하며 왜색의 주동자로 몰고 가는가 하면, '세계 몇 대 드러머' 같은 출처 불명의 표현을 붙이고, 일반적인 공연 장면을 자극적으로 왜곡해 내보내기도 했다. 당연하게도 아직 정보에 대한 비판적 시각이 부재했던 시절이었기에, 사람들은 그 뉴스를 그대로 수용하며 편향된 인식을 축적해 나간 셈이다. 인터넷이 없던 시절, 일본에 대한 신비주의와 언론의 안일한 태도가 함께 빚어낸 촌극이라 할 만하다.

단순히 언론 보도만으로 현재의 인식이 형성된 것은 아니다. 더욱 근본적으로는 '결핍의 시대'라는 문화적 맥락이 자리한다. 엑스 재팬의 음악은 우리나라 대중에게도 분명 '통하는' 음악이었다. 당시 음악 애호가들에게 있어, 서양의 헤비메탈 사운드를 계승하면서도 애수 어린 멜로디가 공존하는 밴드의 노래가 신세계처럼 다가왔을 것이다.

다만 일본 대중문화 개방 이전이었기에 콘텐츠를 구하고 즐기는 경로가 극도로 제한적이었다. 수입 음반점 몇 곳, 복사 테이프와 비공식 라이브 영상, PC통신 동호회가 전부였던 환경에서는 강한 비주얼과 드라마틱한 서사를 가진 아티스트가 먼저, 더 깊게 각인될 수밖에 없었다. 어렵게 구한 CD를 반복해서 듣고, 밤새 비디오를 보며 가사를 베끼고, 소문을 서로 확인하던 그 시간들. 또한 영상회를 개최해 삼삼오오 모여 갈증을 해갈하던 그 간절함이 엑스 재팬을 '음악 이상의 것'

으로 거듭나게 한 셈이다. 2011년 10월에 있었던 내한공연은 이러한 문화적 기억의 집합적 재현이었다. 상당히 늦은 타이밍의 내한공연이었음에도 올림픽 체조경기장을 가득 메운 팬들의 모습은, 밴드에 대한 애정과 함께 그 시절에 대한 그리움을 환기하고자 했던 이들이 치른 일종의 기념의식처럼 느껴졌다.

한국 대중음악계에서도 그들의 영향력은 명확히 감지된다. 특히 밴드의 독특한 지점이라 할 수 있는 슬로우 넘버들은 국내 록 발라드의 정서적 토대를 구축하는 데 적지 않은 역할을 했다. 1990년대 녹색지대의 '준비 없는 이별'(1995)이 'Endless Rain'(1989)과의 유사성 논란에 휩싸였고, 엠씨 더 맥스의 '잠시만 안녕'(2002)은 'Tears'(1993)를 정식으로 리메이크해 큰 인기를 얻었다. 무엇보다 '고음'을 선호하는 노래방 문화에서 이들의 곡은 도전 의식을 불러일으킴과 동시에 잠깐이나마 스타가 될 수 있는 상징적 레퍼토리가 되었다.

그럼에도 특정 세대에게서 엑스 재팬이 여전히 일본 음악의 대명사로 언급되는 현상에는 아쉬움이 있다. 이는 새로운 정보 채널의 장기간 부재와 직결되어 있다. 일본 대중문화 개방 이후 일부 음악 채널에서 관련 프로그램을 편성하기는 했지만, 그 파급력이 예상보다 미미했고 점차 폐지 수순을 밟았다. 유달리 엄격했던 일본의 저작권 관리 관습도 JPOP의 국내 전파를 어렵게 만드는 구조적 요인으로 작용했다. 음원 서비스도 제한적이고 뮤직비디오 접근도 어려웠던 시대, 내수 중심의 폐쇄적 프로모션은 해외에서의 관심을 확산시키기는커녕 오히려 위축시켰다. 이제 와 OTT와 애니메이션에 힘입어 시상식을 개최하는 등 부단히 글로벌화를 위해 노력하는 일본을 보면, 진작에 좀 그랬으면 지금과는 또 다른 지형도가 만들어졌을 텐데 싶은 생각이 들기도 한다.

결국 엑스 재팬이 우리에게 남긴 것은 단순한 음악적 추억을 넘어선다. 그것은 한 시대의 갈망과 결핍, 문화적 동경이 응축된 일종의 화석과 같은 것이다. 1990년대, 정보의 절대적 부족 속에서 어렵게 구해 들었던 그 음악들은 단순한 오락이 아닌 일종의 문화적 모험이었고, 지금도 많은 이들이 그 시절의 온도를 간직하고 있는 셈이다. 하지만 기억이 박제될 때, 현재는 정지한다. 엑스 재팬에 대한 집착은 역설적으로 일본 음악의 진정한 다양성을 가린 요소이기도 했다. 마치 한 장의 강렬한 사진이 전체 앨범을 대변하게 된 것처럼, 하나의 상징이 전체 문화를 압도해버린 것이다.

다행히 지금은 조건이 근본적으로 바뀌었다. 스트리밍과 SNS가 '지연된 번역' 대신 '즉시 공유'를 가능하게 하고 있다. 일본의 신예 밴드 라이브가 자막과 함께 실시간으로 유통되고, 인디·팝·힙합 신곡이 플레이리스트를 통해 자연스럽게 유입된다. 일본 내부에서도 장르 경계가 해체되고 있으며, 한국 청취자들 역시 국적보다는 개인적 취향에 부합하는 경험을 우선시한다.

혹시 자신의 일본 음악 인식이 엑스 재팬에서 멈춰 있다면, 지금이 그 정지된 시간을 다시 흐르게 할 절호의 기회가 아닐까 싶다. 강렬했던 첫사랑을 부정할 필요는 없다. 다만 그 사랑을 하나의 좌표점으로 삼아, 더 넓은 음악적 우주로 나아갈 용기를 가져보는 것이다. 음악은 결국 시간과 함께 흐르는 강물과 같다. 멈춰 있던 바늘을 다시 움직이는 일. 익숙한 추억을 발판 삼아 미지의 영역으로 발걸음을 내딛는 일. 그것은 단순히 새로운 음악을 발견하는 것을 넘어, 우리 자신의 문화적 감수성을 확장함과 동시에 삶을 풍요롭게 하는 유의미한 여정이 될 것이다. 결국 가장 아름다운 음악적 경험은 예상치 못한 순간에, 전혀 예기치 않은 곳에서 찾아온다. 마치, 엑스 재팬이 그랬던 것처럼 말이다.

추천 앨범

🔊 엑스 재팬(X JAPAN) 〈BLUE BLOOD〉(1989)

이름을 바꾸기 전인 X 시절 선보인 작품으로, 그들의 메이저 데뷔작이기도 하다. 라이브를 대표하는 명곡이자 작렬하는 기타 솔로잉이 그야말로 피를 끓게 하는 'Week End', 밴드 특유의 중독적인 멜로디와 스피디한 연주가 맞물려 끝없는 고양감을 자아내는 대표곡 'X', 46명의 풀 오케스트라가 동반되어 그들의 서정성을 극대화 한 명 발라드 'Endless Rain', 샤우트에 가까운 토시(Toshi)의 보컬과 끝간 데 모르고 달려나가는 요시키(YOSHIKI)의 드럼을 통해 일궈낸 또다른 시그니처 송 '紅(홍)' 등 트랙 리스트만으로도 그들의 실루엣을 연상케 하는 넘버의 연속임을 알 수 있다. 이들을 일본 록의 최전선으로 끌어 올림과 동시에 자신들의 정체성을 마침내 완성했던 위대한 클래식 록 음반이다.

🔊 엑스 재팬(X JAPAN) 〈Jealousy〉(1991)

이 앨범을 통해 밴드는 염원하던 밀리언셀러를 달성했다. 히트곡의 비중은 〈BLUE BLOOD〉보다 적을지라도, 헤비함과 드라마틱함을 조화롭게 연계함과 동시에 진일보한 사운드 퀄리티는 오히려 마니아들에게 있어 더욱 고평가를 받고 있다. LA 레코딩(6개월), 대규모 예산·해외 엔지니어 기용, 멤버 전원 작곡 참여 등은 그들이 다음 챕터로 나아가기 위해 얼마나 절치부심했는지 알 수 있는 대목. 대표곡 'Silent Jealousy'는 7분에 가까운 러닝타임이 전혀 지루하지 않을 만큼 다채로운 구성으로 이들의 송메이킹과 편곡 역량이 절정에 달해 있음을 단박에 감지할 수 있는 트랙이다. 그 외에도 8분 40여초에

들어볼래? J-POP!

이르는 대곡 'Say Anything'은 또 다른 마스터피스라 칭하기에 부족함이 없는 슬로우 넘버로 자리한다. <BLUE BLOOD>로 입문해도 결국 정착하게 되는 것은 이 앨범일 수 밖에 없다는 것을 다시금 느끼게 된다.

엑스 재팬
BLUE BLOOD

0:00   0:00

표절에서 벤치마킹까지 : 변화하는 KPOP과 JPOP 간 문화 교류의 풍경

어릴 적부터 KPOP을 글로벌 현상으로 인식하고 또 즐겨온 10~20대들은, 불과 30~40년 전만해도 한국 대중음악 신이 일본에 상당한 영향을 받고 있었다는 사실이 아마 와닿지 않을 것이다. 돌아보면 선을 넘을 듯 말 듯 아슬아슬한 레퍼런스는 물론, 아예 대놓고 정식 법적 절차 없이 멜로디를 그대로 베껴 발표하는 사례도 적지 않았던 것으로 기억한다. 인터넷은 커녕 해외 소식을 전해주는 채널도 부재하던 시절이었기에 가능했던 뻔뻔한 행보였다. 이처럼 한때 '문화 수입국'이었던 한국이, 어느덧 아시아를 넘어 전 세계에 새로운 표준을 제시하는 '수출국'으로서 자리하고 있다는 것이 새삼 자랑스럽게 느껴지기도 한다. 20년 전만 해도 보아의 오리콘 차트 1위에 환호하던 우리는, 이제 일본이 KPOP의 성공 공식을 연구하며 자국 아이돌 산업에 접목시키려 노력하는 모습을 목격 중이다.

나는 어렸을 때부터 공중파 3사 가요 프로그램을 매주 열심히 챙겨

보곤 했었다. 덕분에 그런 표절 사례들을 똑똑히 기억하고 있다. 우선 룰라가 먼저 생각이 난다. '날개 잃은 천사'로 국민적인 히트를 기록한 후 다시금 절치부심해 선보인 3집 타이틀곡 '천상유애'(1995)는 화려한 컴백이 무색하게 얼마 지나지 않아 일본 그룹 닌자(忍者)의 'お祭り忍者(오마츠리닌자)'(1990)를 거의 가사만 바꿔 발표했다는 것이 밝혀지며 해체위기까지 몰렸다. '날개 잃은 천사'(1995) 역시 실은 섀기(Shaggy)의 'Oh Carolina'(1993)를 번안곡 수준으로 카피했음이 암암리에 알려지는 등 이 분야에 있어선 악명 높은 이들이다.

그런가 하면 1996년에는 배우로도 잘 알려져 있는 김민종의 '귀천도애'(1995) 표절이 대서특필되기도 했다. 일본 밴드 튜브의 'SUMMER DREAM'(1987)을 업템포에서 발라드로 교묘하게 바꿔 선보인 것이다. 이미 몇 주간 1위를 차지하고 있었던 데다가 80만장이라는 높은 판매량을 기록하고 있던 차에 발각된 탓에 대중들에게 더욱 큰 충격을 안기기도 했다. 이런 대표적인 케이스 외에도 '보고 싶은 얼굴' 등으로 1980년대에 인기를 끌었던 민해경은 '내 인생을 찾아서'(1986)가 혼다 미나코(本田 美奈子)의 '殺意のバカンス(살의의 바캉스)'(1985)을 표절함과 동시에 앨범 재킷 또한 마츠다 세이코의 〈Windy Shadow〉(1984)를 그대로 따라했다는 것이 발각되며 뭇매를 맞았다. 김민교가 불러 드라마와 함께 공전의 히트를 기록했던 '마지막 승부'(1994) 역시 언급하지 않을 수 없다. 테라다 케이고(寺田 惠子)의 'Paradise Wind'(1992)를 유튜브에서 찾아 들어본다면, 이 노래를 처음 들었음에도 자연스럽게 흘러나오는 콧노래에 자신도 놀랄 것이다.

그 밖에도 아기천사의 '사랑할거야'(1989), 김혜림의 '있는 그대로'(1993), 이민규의 '아가씨'(1997) 등도 정식적으로 일본 음악을 표절했다는 판정을 받은 곡들이나, 이것이 표면 상으로 드러나는 데에는 시간이 걸리는 관계로 상업적 성공으로 귀결되었다는 점 또한 주목할 만하다. 이런 '실적 중심의 사고'가 횡행하며 '돈만 벌면 된다'는 인식을 업계에 확산시켰고, 이것이 결국 악순환으로 이어졌던 셈이다. 그런가 하면 레퍼런스 역시 꼭 노래가 아니더라도, '그녀에게 전해주오'(1987), '어젯밤 이야기'(1987)로 성공을 거두며 팬덤형 그룹의 시초라고 불리우는 소방차나 롤러 스케이트를 탄 채 퍼포먼스를 펼치는 야차 역시 히카루겐지나 소년대 등 쟈니스 그룹을 참고해 제작되었다는 것은 명백한 사실이며, 이러한 경향은 1세대 아이돌에게까지 이어져 스맙과 같은 버라이어티 방송을 통한 프로모션 방식을 SM의 H.O.T.가 적극 활용하기도 했다.

이런 현상이 빈번했던 이유는 복합적인데, 우선적으로 급속한 경제 발전으로 인한 폭발적인 문화수요를 감당하기에 당시 한국은 준비가 되어 있지 않은 상태라는 점이 컸다. 더군다나 1945년 해방 이후부터 1998년 개방 전까지 일본 대중문화 수입이 공식적으로 금지되어 있었던 상황이었다. 완전히 낯선 서구권에 비해, 열도의 콘텐츠는 이미 한 차례 필터링이 된 결과물이었기에 우리나라 정서와 부합하는 면이 있었다. 최규성 대중음악평론가는 "일제강점기 영향으로 비슷한 정서가 있어 통하는 부분이 있었다"며 표절이 빈번했던 연유를 정서적 유사성에서 찾고 있다.

전환점이 되었던 것은 아무래도 1998년 김대중 정부의 일본 대중문화 개방 발표였다. 광복 후 53년간 유지되던 봉쇄 정책을 깨는 역사적 결정이었다. 역사로 인한 국가적 거부감과는 달리, 사실 이미 만화/애니메이션에 있어 일본의 영향을 받고 있었을 뿐더러 보컬음악이나 영상물 역시 불법복제가 만연해 있었다. '일본 문화가 합법적으로 들어오면 한국 문화가 완전히 잠식당할 것'이라는 우려가 팽배했던 것이 당시의 여론이었다. 지금의 젊은 세대에겐 좀처럼 믿기 힘든 일일 것이다.

막상 개방이 이루어지자 여파는 생각보다 미미했다. 개인적으로도 그토록 기다렸던 일이었건만, 음악 쪽 변화는 체감하기 어려울 정도로 변화상이 적었다. 일본의 입장에선 본격적으로 진출을 도모할 만큼 시장이 크지 않았던 데다가, 역수입 리스크로 인해 라이센스 반 발매에도 소극적인 움직임을 보였다. 일본의 정규앨범은 약 3,000엔 정도로 우리나라와 비교하면 약 세 배 정도인데, 수입반 발매 시 국내 정책에 맞춰 가격이 책정되는 탓에 그것이 역으로 흘러들어올 위험을 감지했던 것이다.

이러한 전면개방과 함께 인터넷이 발달, 무단 표절과 같은 사례는 자연스레 사그라들었다. 대신 정당한 대가를 지불하고 곡을 사오는 방식으로 전환하며 많은 리메이크 곡들이 '정식으로' 사랑을 받았다. 캔의 '내 생에 봄날은'(2001)(원곡 튜브 'ガラスのメモリーズ(유리 같은 기억)'(1992)), 박효신의 '눈의 꽃'(2004)(원곡 나카시마 미카 '雪の花(눈의 꽃)'(2003)), 포지션의 'I Love You'(2000)(원곡 오자키 유타카 'I Love You'(1983)), 더 넛츠의 '사랑의 바보'(2004)(원곡 나카야마 미호 & 더 완즈 '世界中の誰よりきっと(세상 그 누구보다 분명)'(1992)), 정재욱의 '가만히 눈을 감고'(2006)(원곡 히라이 켄 '瞳をとじて(눈을 감고)'(2004))와 같

은 곡들이 대표적. 이는 일본의 대중성이 한국 정서와 상통한다는 것이 단순한 예측이 아닌 사실임을 보여주는 증거였다.

일본 역시 한국 노래를 리메이크 해 인기를 얻었던 사례가 있었다. 거론할 만한 인물로는 밴드 키시단(氣志團)의 리더인 아야노코지 쇼(綾小路 翔)를 들 수 있다. 그는 디제이 오즈마(DJ OZMA)라는 명의로 활동하며 우리나라의 히트곡을 대거 재해석해 선보였다. 특히 DJ DOC의 'Run to You'가 바탕이 된 'アゲ⤊アゲ⤊EVERY☆騎士'(2006)으로 연말 방송인 〈홍백가합전〉에 출전하기도 했다. 그런가 하면 라디오 피시(RADIOFISH)라는 팀이 발표한 'Perfect Human'(2015)은 싸이의 '강남스타일'(2012)과 전체적인 전개가 매우 유사해 표절 논란에 휩싸인 바 있다. 최근엔 인디밴드 수파토잔부(スーパー登山部)가 발표한 '山歩(산보)'(2025)가 김광석의 '바람이 불어오는 곳'(1994)의 선율을 베꼈다는 의혹을 받았지만, 정작 본인들은 전혀 그런 의도가 없다는 입장문을 내놓았다. 다만 이에 대한 후폭풍이 거셌던 탓에, 뮤직 비디오와 음원에 대한 서비스를 중단한 상태다.

지금은 KPOP의 글로벌 영향력을 체감하듯, 일본 음악 시장에서 어렵지 않게 한국 KPOP 스타일의 그룹들을 찾아볼 수 있는 상황이다. 〈PRODUCE 101〉과 같이 오디션 포맷을 수입하거나, 니쥬(NiziU)나 앤팀(&TEAM)과 같이 국내 기획사가 직접 로컬라이징에 뛰어들거나 하는 등, 다양한 루트를 통해 전체 파이가 급격히 커져가고 있음을 실감하고 있다. 더불어 비:퍼스트나 하나(HANA), 엑스지와 같이 현지 인력과 자본만을 활용해 일본만의 육성 체계를 구축 및 재창조해나가고 있다는 점은, KPOP이 더 이상 한국 고유의 것이 아닌, 전 세계 어디에서든 탄생할 수 있는 공공재이자 IP로 거듭나고 있음을 시사하고 있다.

최근 한국의 인디 신을 훑다 보면, 일본 밴드의 영향을 받은 젊은 아티스트가 적지 않게 눈에 띈다. 아마 이것은 SNS나 보컬로이드를 필두로, 최근 국내 JPOP 붐과 맞물려 다시금 10~20대를 중심으로 그 영향력이 커져가고 있기 때문일 것이다. 이처럼 일방적일 수 없는, 뫼비우스의 띠에 가까운 것이 바로 대중문화가 아닐까 싶다. 더불어 국경도 점점 무의미해지고 있다는 생각이 든다. '어느 나라의 음악'보다는, '나에게 있어 좋은 음악 혹은 나쁜 음악'으로 구분될 뿐이다. 분명한 것은 문화의 교류와 변화는 멈추지 않을 것이고, 그 과정에서 우리가 예상치 못한 새로운 음악들이 탄생할 것이라는 점이다. 그때가 되면 지금 우리가 겪고 있는 변화들도 하나의 '역사'가 되어 있지 않을까.

25년의 여정,
일본 속 KPOP 변천사(1)
- JPOP으로서의 KPOP

　최근 일본 스트리밍 차트를 보면, 상위권에 다수의 한국 아이돌 그룹이 올라 있는 것을 빈번히 목격하게 된다. 현지 매니지먼트사와 손잡고 일본어 싱글을 별도로 준비해 프로모션하던 '진출'의 개념도 최근 몇 년간 상당히 옅어졌다. SNS 네이티브 세대인 양국의 KPOP 주소비층에게 있어 '국경'과 '언어'라는 장벽은 이미 허물어진 지 오래다. 어제 공개된 신곡이 스트리밍 플랫폼을 통해 자연스럽게 일본에서 소비되고 트렌드로 공유되는 상황에서, 과거 마니아 중심의 서브컬쳐였던 시절과 달리 현재의 KPOP은 일본의 젊은 세대가 향유하는 일상적 문화로 완전히 뿌리내렸다고 해도 과언이 아니다. 2000년대 초만해도 일본 시장은 난공불락으로 여겨졌는데, 그렇다면 어떤 과정을 거쳐 지금의 상황에 이르렀을까.

　사실 일본 속 한국 대중문화는 음악이 아닌 영화를 통해 처음 존재감을 알렸다. 〈쉬리〉가 약 14억엔, 〈공동경비구역 JSA〉가 약 11.6억엔,

〈내 여자친구를 소개합니다〉가 약 20억엔의 흥행수익을 올렸고, 2003년 도쿄국제영화제에는 한국영화 단독 세션이 개설되기도 했다. 바통을 이어 받은 것은 바로 드라마 〈겨울연가〉. 지금까지도 회자되는 '욘사마' 열풍을 기반으로, 중장년층을 중심으로 한국에 대한 이미지를 단번에 바꿔 놓는 큰 분수령과도 같은 인기였다. 이 시기를 거치며 일본인들은 어느 정도 한국 대중문화에 대한 예습을 할 수 있었고, 국내에서는 아직 미공략된 '음악시장'이 또 하나의 비즈니스 찬스로 여겨지게 되었다.

사실 이전부터 일본진출을 호시탐탐 노려오던 기획사가 있었다. 바로 SM이었다. H.O.T.로 대성공을 거둔 뒤 런칭한 걸그룹 S.E.S.는 애초부터 해외 시장을 염두에 두고 제작된 그룹이었다. 'I'm your girl'(1997)로 가능성을 증명한 후 절치부심 준비해 'めぐりあう世界(마주치는 세계)'(1998)로 일본 데뷔를 완수. 이 곡은 오리콘 주간 싱글 차트 37위에 오르며 준수한 출발을 보여줬지만, 이후 발표한 작품들은 눈에 띄는 성과를 보여주지 못했다. 가수 매니지먼트에 대한 노하우가 없던 현지 기획사와의 협업은 프로모션 전략의 부재로 이어졌다. 당시 포화 상태였던 걸그룹 신과 맞물려 자신들의 차별화된 매력을 구축하지 못한 점도 실패의 요인 중 하나였다. 경험 부족으로 인한 미흡한 현지화가 SM에게 시행착오를 가져다 준 셈이었다.

그렇게 미완점을 보완해 출격시킨 것이 바로 보아였다. 처음부터 일본 시장 공략을 목표로 투입된 초기 투자 비용만 약 30억. 데뷔 전 방학동안 일본 홈스테이를 통해 어학을 습득하고, 무엇보다 일본 굴지의 기획사인 에이벡스(AVEX)와 계약해 전폭적인 지원을 받을 수 있게 되었다. 당시의 캐치프라이즈가 '한국어, 일본어, 영어에 능통하고 춤과 노래가 완벽한 천재 여가수'였던 것을 보면 에이벡스 역시 그 가능성에 얼마나 큰 기대를 하고 있었는지 짐작할 만하다.

'Amazing Kiss'(2001)로 조금씩 모멘텀을 쌓아가더니, CM 송으로 타이업 된 'LISTEN TO MY HEART'(2002)이 오리콘 주간 싱글 차트 5위에 오르며 축포를 쏘아 올렸다. 특히 'LISTEN TO MY HEART'는 회사 차원에서 일본 활동을 접으려 하던 시기에 터진 히트였기에 더욱 감개무량했다. 그 기세를 이어 선보인 정규 1집 〈LISTEN TO MY HEART〉(2002)는 오리콘 앨범 차트 1위에 등극하며 성공에 대한 이의를 모두 불식시켰다. 당시 이 소식은 여러 언론을 통해 대서특필되며 또 하나의 국가적 프라이드로 모두에게 인식되었다. BTS의 빌보드 HOT 100 차트 1위에 견줄 만한 기념비적인 순간이었다.

보아의 성공요인은 크게 세 가지로 분석할 수 있다. 일단 에이벡스와의 협업이다. 일본 음악 산업 빅4 중 하나로 일컬어지는 기획사의 과감한 투자와 전폭적인 히트메이커 지원은, 콘텐츠 현지화라는 과제를 손쉽게 해결할 수 있었던 가장 큰 요인이었다. 더불어 강렬한 댄스 퍼포먼스를 보여주는 솔로 가수가 드물었던 시기에 해당 영역을 파고들었던 것도 주효했다. 격렬한 춤을 추면서 라이브까지 완벽히 소화하는 모습은 '실력과 아티스트'를 찾던 일본 대중의 니즈를 충족시켰다. 더불어 카리스마 있는 무대 위와는 달리 예능감을 장착해 털털한 모습을 보여주던 버라이어티에서의 모습은 이른바 '갭 모에'를 유발하며 더욱더 그에 대한 관심을 불러일으켰다. 이후 'Valenti'(2002)로 정점을 찍음과 동시에 'メリクリ(메리-크리)'(2004)라는 스테디 셀러까지 확

보하며 지금까지도 일본인에게 사랑받는 스타로서의 위치를 유지하고 있다.

동방신기의 사례도 크게 다르지 않다. 진출 초반엔 주목할 만한 성과를 내지 못했으나, 에이벡스는 장기적 관점으로 꾸준히 투자를 이어갔다. 그렇게 서서히 상승세를 타 16번째 싱글 'Purple line'(2008)이 오리콘 차트 1위를 달성하기까지 걸린 시간은 무려 2년 반. 그들의 히트에서 짚고 넘어가야 할 곡이 바로 'どうして君を好きになってしまったんだろう(어째서 너를 좋아하게 되어버린 걸까)'(2008)다. 현지 전문가는 본인들의 인기요인 중 하나였던 '오인오색의 가창력'을 1970년대 가요곡의 테이스트로 소화한 것이 일본인들에게 어필했다 해석하기도 한다. 어른만의 애절함을 하이틴 스타가 소화한다는 점이, 기존 한류에 감화된 중장년층에 대한 셀링 포인트로 작용했다는 것이다.

두 사례 모두 한국의 시스템 하에 만들어진 고품질 하드웨어에 일본의 프로모션 지원 및 오리지널 곡과 같은 소프트웨어를 결합시켜 일궈낸 성과다. 때문에 이 당시의 진출양상은 'JPOP으로서의 KPOP'에 가까웠다. 해당 국가의 로컬라이징과 지원을 통해 현지가수로 데뷔하는 방식이었기에, 그 과정에서 '한국'이라는 국가적 정체성은 얕아질 수밖에 없는 운명을 맞이하게 되는 셈이다. 지금도 일본인들에게 보아는 '한국에서 건너온 외국가수'보다는 말 그대로 'JPOP 가수'로 인식되는 경향이 강하다. 이처럼 일본 내 KPOP 진출 역사 초기에는, 순전히 '우리나라의 문화가 진출해 일본을 사로잡았다'라고 말하기에는 조금 애매한 부분이 있었던 것도 사실이다. 이 경향이 전복되기 시작한 것은 2000년 대 말, 카라와 소녀시대가 등장하면서 부터였다.

 추천 앨범

◀)) S.E.S. 〈REACH OUT〉(1999)

야망을 안고 진출했던 그룹의 패기를 그대로 담고 있는 일본 데뷔 정규작. 당시 일본엔 미시아와 우타다 히카루의 인기로 인해 뉴잭스윙이 대세를 점하고 있었다. 이를 참고해 'I'm your girl'의 장르적 매력을 한층 심화함과 동시에 바다의 가창력을 내세워 또 다른 일본 블랙뮤직의 길을 제시하고자 했던 작품이었다. 음악적으로 전혀 빠지는 구석이 없기에, SM에게 있어서는 그 외 전략적인 측면이 확실히 중요하다는 점을 깨닫게 되는 계기가 되기도 했을 것이다. 지금 들어도 전혀 촌스럽거나 시대에 뒤떨어진다는 느낌이 전혀 들지 않기에, 상대적으로 덜 알려졌다는 사실이 조금은 아쉽게 다가오기도 한다.

◀)) 보아(BoA) 〈Valenti〉(2003)

보아의 최전성기를 견인했던 두 번째 스튜디오 앨범이다. 한국인 최초로 일본에서 밀리언셀러를 기록한 상징성이 빛나는 작품이기도. 'LISTEN TO MY HEART'와 'メリクリ(메리-크리)' 등 그의 주옥같은 히트곡을 써내려간 하라 카즈히로의 또 하나의 명곡 'Valenti'를 필두로, 라틴과 알앤비를 절묘하게 배합한 '世界の片隅で(세상의 한구석에서)', 직접 작사에 참여해서 그런지 보컬에서의 호소력이 한층 돋보이는 'Moon & Sunrise' 등 찬란하게 빛나던 시기를 하나의 필름처럼 담아, 한국과 일본 양국의 대중음악사에 길이 남길 한 장이다.

25년의 여정,
일본 속 KPOP 변천사(2)
- POP으로서의 KPOP

　앞서 언급한 'JPOP으로서의 KPOP'의 경향이 전복되기 시작한 것은, 소녀시대와 카라가 일본 시장에서 존재감을 드러내면서부터였다. 여전히 현지 레이블과 소속사의 힘은 필요했지만, 정착된 시스템을 통해 선보이는 결과물들은 이전보다 훨씬 더 강한 글로벌 경쟁력을 갖추고 있었다. 그야말로 재데뷔에 가까웠던 보아나 동방신기와 달리, 이들은 일정 수준의 인지도를 확보한 상태에서 '수출'의 형태로 일본 시장에 접근했다. 한국에서 활동하던 노래와 퍼포먼스를 그대로 활용하는 등 조금씩 현지화의 필요성도 희미해지던 시기였다.

　카라의 일본 진출은 독특한 사례였다. 당초 체계적인 진출 계획이 있었던 것은 아니지만, 우연치 않게 해외 시장 속 KPOP의 가능성을 한 발 앞서 입증했다고 할 수 있겠다. 유명 개그맨이자 MC인 게키단 히토리의 이른바 '샤라웃'을 통해 이뤄진 '강제 진출'이긴 했지만, '미스터'(2009)라는 노래와 안무가 없었다면 이 정도의 신드롬을 이끌어

내기는 불가능했을 것이다. 강렬한 베이스라인을 필두로, 후렴구에서 반복되는 '라라라라'는 언어 장벽을 뛰어넘는 범용성을 가지고 있었다. 이 흐름을 타 곧바로 '미스터'를 번안해 일본 시장에 선보였으며, 29년만에 오리콘 차트에 해외 여성가수가 5위 안에 랭크되는 쾌거를 이뤘다. 별도 현지화 없이 오리지널 작품으로 일궈낸 성과라는 점에서 그 의미가 더욱 크다.

소녀시대 역시 '소원을 말해봐(Genie)'(2009)를 일본 데뷔작으로 낙점하는 등 이미 한국에서 검증된 히트곡들로 일본 시장에 진입했다. 에이벡스와 탄탄한 협력체계가 구축되어 있음에도 기존 활동곡을 선택했다는 점에서, KPOP 자체의 매력이 해외에도 통용될 수 있다는 자신감을 엿볼 수 있다. 더불어 '테크니컬하고도 트렌디한' KPOP의 포지셔닝 과정에 있어 이들이 큰 역할을 했다는 점도 주목할 만하다. 세련된 스타일링과 뛰어난 안무, 트렌디한 음악 등 현재 일본 대중들이 인식하는 한국 아이돌 그룹의 이미지는 소녀시대로부터 시작된 측면이 크기 때문이다.

이처럼 이들은 시행착오를 거듭하며 완성된 KPOP을 기반으로, '현지화' 과정을 상당부분 생략한 상태에서 성공적으로 일본에 정착했다. 그야말로 '팝으로서의 KPOP'이었던 셈이다. 그래서 보아나 동방신기가 JPOP 가수에 가깝게 인식되는 것과 다르게, 이들은 일본인들에게 있어 명확히 '한국 가수'로 받아들여지는 경향이 강하다.

비슷한 진출 양상을 보인 두 팀이지만, 자세히 살펴보면 방향성에 약간의 차이가 있었다는 점도 흥미롭다. 카라의 경우 일본 특유의 '성장형 아이돌' 특성이 일정 부분 통용된 케이스다. 다수의 예능 출연을

통해 쌓은 친근한 이미지와 남녀노소의 취향을 타지 않는 보편적인 콘텐츠로 일본 대중과 유대감을 형성했다. 반면 소녀시대는 가까이 다가가기는 어렵지만 그처럼 되고 싶다는 '동경'을 에너지로 삼았다. 세련된 스타일링, 고난이도의 안무와 트렌디한 음악은 특히 '여성 팬'들을 집결시키며 '나도 저렇게 멋있어지고 싶다'라는 열망을 심어주었다. 공연장에서도 카라는 남녀 비율이 고르게 섞여 있고 가족 단위 관객도 상당한 반면, 소녀시대는 여성 관객의 비중이 두드러진다는 것이 업계 전문가의 공통된 견해다.

그렇게 KPOP 아이돌은 '완성형'의 이미지를 내세우며 조금씩 세계적인 경쟁력을 입증해갔다. 이 시절 일본의 아이돌 문화는 '성장형 스타' 시스템이 기반이었다. 오디션을 통해 선보였던 1970년대의 야마구치 모모에(山口 百惠), 1980년대의 마츠다 세이코와 나카모리 아키나(中森 明菜), 그 뒤를 이은 오냥코 클럽과 모닝구 무스메도 결국 '평범한 소녀가 스타로 성장하는 과정'을 공유하며 팬 베이스를 쌓아왔다. KPOP의 인기를 통해 일본의 10대들은 '미숙한 존재를 향한 응원'이라는 전통적 아이돌관에서 벗어나, '실력 있고 멋진 스타들에 대한 동경'이라는 새로운 팬 문화를 형성하기 시작했다.

이렇게 강한 임팩트를 보여주었던 시기도 잠시, 이후 후속 인기 그룹의 부재와 한일 관계 악화가 맞물리며 얼마간의 정체기를 맞게 된다. 그 사이에 급격히 부상한 것은 바로 AKB48과 SKE48를 비롯한 AKS 계열의 아이돌 그룹. 이들은 '만나러 갈 수 있는 아이돌'이라는 슬로건을 내걸고, 성장을 가까이서 지켜볼 수 있다는 점을 셀링 포인트로 내세웠다. 중요한 것은 이 시기 AKB48 시스템의 특징이다. 그들이 내세운 만남과 성장의 매개체는 바로 '돈'이었다.

앞서 언급했지만, '악수회'와 '총선거' 시스템은 독특한 팬덤 생태계를 만들어냈다. 특히 '총선거'는 일본의 전통적인 '오시멘' 문화, 즉 특정 멤버를 열렬히 지지하는 문화를 자본주의적으로 재해석한 것이었다. 마케팅의 핵심이라고 할 수 있는 악수권과 투표권은 모두 CD 구매 수량과 비례했고, 이 지점에서 일본 아이돌 문화의 주도권은 경제권을 가진 중장년층으로 상당 부분 넘어가고 말았다. 10대 팬덤이 중심인 한국과는 다르게 일본에서는 청소년들이 경제적 이유로 배제되어 간 셈이다. 특히 CD 한 장에 투표권 한 장이 들어있는 시스템은 '총선거'라 불리는 인기투표에서 상위권을 차지하기 위해 한 사람이 수백, 수천 장의 CD를 구매하는 풍경을 만들어냈다.

지금 돌이켜보면, 이는 경제력이 부족한 일본의 10대들이 자신이 좋아하는 이들을 순수하게 응원할 수 있는 KPOP에 눈을 돌리게 된 이유 중 하나로 작용했다고 볼 수 있다. 자국 아이돌 신에 부정적 인식을 가지고 있던 이들이, 또래로서의 친숙함과 무대에서의 프로페셔널함을 동시에 가진 KPOP 그룹에게 열띤 성원을 보내기 시작한 것이다. 다만, 일본 특유의 '소비를 통한 영향력 표출'의 측면이 어느덧 한국에도 깊게 이식된 것은 다소 아쉬운 대목이다.

어쨌든 잠시 주춤했던 수년간의 정체를 깨고, KPOP의 일상화를 본격화한 것은 누가 뭐래도 트와이스다. 이들을 처음 알렸다 해도 과언은 아닌 'TT' 댄스는 10대 여중고생들을 중심으로 빠르게 번져 나갔다. 특히 그 인기가 특정 소수가 아닌 세대 전반을 아우렀다는 사실은 큰 상징성을 가진다. 발랄하고 건강한 이미지, 수준 높은 퍼포먼스와 대중성을 갖춘 노래들. 이를 통해 구축된 팀의 정체성은 잠시 잊고 있었던 '동경'의 감정을 재차 일깨웠다. 더불어 그룹 내 일본인 멤버의 활약은 '나도 KPOP 신의 일원이 될 수 있다'라는 꿈을 심어준 계기가 되기도 했다.

트와이스의 위기 배경에는 짚고 넘어가야 할 지점이 있다. 이는 과거 KPOP 열풍과의 구분점을 만드는 요인이기도 하다. 트와이스가 히트했던 2017년은 10대들이 SNS에 급속도로 친숙해져 가던 시기였다. 일본에서 그들의 이름을 크게 알렸던 'TT' 댄스는 인스타그램과 틱톡

이 전파에 있어 큰 역할을 담당했고, 이를 통해 콘텐츠가 무한생산 및 확장되며 하나의 놀이문화로 자리잡았다. 당시 달고나 커피나 토끼 귀가 달린 모자 등과 같은 한국의 트렌드가 거의 같은 시기에 일본으로 퍼져갔는데, 이는 양국의 MZ 세대들이 트렌드를 실시간으로 공유하는 공동체가 되었음을 보여주는 대목이다. 이처럼 SNS를 통해 한일 청소년들의 즐길 거리가 교집합화되는 과정에서, KPOP은 국경과 상관없이 같은 취향을 가진 이들이 공유하는 일종의 문화 카테고리로 자리 잡게 되었다.

이처럼 스마트폰이 보편화되고 유튜브 등의 플랫폼이 확산되면서 일본의 젊은 세대들의 소비 형태는 급속도로 변화했다. 특히 젊은 세대에게 음악은 더 이상 '소유'의 대상이 아닌 '경험'의 대상이 되었다. KPOP은 이런 디지털 환경에 최적화된 콘텐츠였다. 짧은 주기의 컴백, 다양한 버전의 뮤직비디오, SNS 연계 콘텐츠 등은 모두 스트리밍 시대에 적합한 전략이었다.

현지에서는 이와 같은 10대 중심의 KPOP 열풍을 일종의 카운터 컬쳐로 분석하기도 한다. SNS 마케팅 전문가이자 KPOP 문화 연구가인 이두카 미치카는 일본의 매체인 〈겐다이 비즈니스(現代ビジネス)〉의 기사를 통해, "젊은이들이 한국에 열광하는 것은 자신들이 느끼는 '한국의 좋은 점'이 '어른들에게는 이해할 수 없는 것'이기 때문"이라고 언급한 바 있다. 이처럼 기성세대 와는 다른 자신들만의 존재감을 나타내는 데에 있어 한국 문화가 큰 역할을 하고 있다는 것이다. 이러한 흐름에서 지금의 중장년층이 KPOP 열풍을 오히려 의아하게 바라보고 있다는 사실은, 과거 한류의 주 소비층이 해당 세대였다는 점을 생각해보면 자못 흥미롭다.

어쨌든 KPOP 붐은 이전과 다르게 '젊은 층'을 중심으로 일어나고 있다. 시부야 타워 레코드의 다른 층은 한산할지언정 KPOP 코너에만 10대들이 몰린다든가, 신오쿠보를 중심으로 구축된 '한인 타운'을 방문하는 대부분이 젊은 여성들이라는 점은 이와 무관하지 않다. 여기에는 SNS와 스트리밍의 활성화가 크게 작용하고 있으며, 이러한 한국의 콘텐츠들이 자신들의 개성을 드러내는 '일상적인 문화 선택지'로 활용되고 있다는 사실에 주목할 필요가 있다. 그렇게 2020년대로 진입해 BTS와 블랙핑크를 필두로 전 세계적인 영향력을 키워가는 동안, 일본 내 KPOP은 국경의 한계를 넘어 또 한 번의 큰 전환점을 맞이하게 된다.

추천 앨범

🔊 **카라**(KARA) 〈Super Girl〉(2011)

단순한 상업적 성공을 넘어, 그룹의 일본 활동의 정체성을 구체화한 의미있는 작품이다. 갑작스러운 해외 진출 탓에 이전 앨범이 기존 곡의 번안을 통한 수출에 가까웠다면, 두 번째 정규작은 현지 스탭들과 합을 맞춘 일본 오리지널 싱글이 주축을 이루고 있다는 점이 특징. 펑키한 곡조를 댄서블하게 구현한 'ジェットコースターラブ(제트코스터 러브)', 그 옛날 스피드의 잔상이 느껴지는 뉴잭스윙 기반의 'ウィンターマジック(윈터 매직)', 우리나라에서도 유행했던 '파라파라'를 곡의 소재로 적극 차용한 'GO GO サマー!(고고 썸머!)' 등 그룹의 매력은 그대로 둔 채 현지 대중을 타깃으로 그들에게 익숙한 감성과 미학을 내재화 하려한 의도를 감지할 수 있다. 계약분쟁이라는 어수선한 상황 속에서 내실 있는 음악을 통해 JPOP 신에 완전히 뿌리를 내리는 데에 성공한, 일본 활동을 언급할 때 빼놓아서는 안 되는 작품.

🔊 **소녀시대**(Girl's Generation) 〈Love & Peace〉(2013)

개인적으로는 한국과 일본, 양국을 통틀어 선보인 앨범 중 가장 강력한 대중성을 보유하고 있다고 생각하는 작품이다. 무서울 정도로 몰아치는 전자음의 향연 속 묘한 화음이 귀를 감싸는 첫 곡 'Gossip girl'부터 시작해, 초반부터 절정을 향해 치솟는 그래프가 러닝타임 동안 좀처럼 떨어질 기미를 보여주지 않는다. 군살을 뺀 가벼운 덥스텝 스타일의 댄스튠 'Motorcycle', 신스 라인이 밤하늘을 수놓는 듯한 화려함의 'Galaxy supernova', 호루라기 소리로 소녀들의 발랄함을 반영한 'Love & girls' 등 딱히 타이틀 곡을 꼽을 수 없을 정도의 균질한 트랙들이 쉬이 사라지지 않을 포만감을 제공하고 있다. 일본의 프로덕션과 SM 특유의 송캠프 시스템이 가장 이상적인 형태로 구현되어 있다는 점 역시 이 작품을 설명할 때 빼놓을 수 없는 대목이다.

25년의 여정,
일본 속 KPOP 변천사(3)
- KPOP으로서의 KPOP

　2010년대 중후반 들어 KPOP의 글로벌 영향력이 궤도에 오르자, 한국의 연예 기획사들은 자연스레 그룹 기획단계부터 아시아를 비롯한 해외시장 진출을 기본 전제로 삼기 시작했다. 제작사들에게 일본은 그야말로 개발 직전의 금맥이었다. 거대 시장이 약속하는 수익 창출 기회, 유사한 문화권 및 지리적 근접성으로 인한 진출의 용이함은 바다 건너 이웃 국가가 매력적일 수밖에 없는 이유로 자리했다. 언어와 정서적 장벽을 최소화하려는 한국 제작자들과 전 세계를 호령하는 KPOP의 일원이 되고자 하는 일본 청소년들의 니즈가 맞물린 결과, 우선적으로 일본인 멤버의 영입이 활발해졌다. 이를 발판삼아 대형 기획사들이 런칭한 신인 그룹은 본토 데뷔 후 얼마 지나지 않아 일본에서 재데뷔하는 것이 수순이었고, 양국 협력하에 두 나라를 동시에 타깃으로 하는 프로젝트 그룹 제작으로 이어졌다. 일본에서 KPOP은 더 이상 유별나고도 특별한 문화가 아니었다. 오히려 피로감을 호소하는 이들까지 생겨났을 정도였다.

이 시기에 관계자들 사이에서 조금씩 대두되던 것이 바로 'KPOP 현지화 전략'이었다. 아시아권 팬덤을 중심으로 한 수익창출의 한계에 대한 위기감은, 언어 장벽과 문화적 차이를 극복할 방안 모색으로 이어졌다. 수십 년에 거쳐 구축된 육성/제작 시스템의 이식을 기반으로 '현지의 하드웨어 + KPOP의 소프트웨어'라는 공식을 적용하자는 것이 핵심이었다. 즉, 각 국가의 현지인력을 중심으로 한 'KPOP 스타일'의 그룹을 통해 완벽히 제거할 수 없었던 정서적 거리감을 해소하자는 것. 박진영도 한 예능 프로그램에 출연해 세계적인 엔터테인먼트 사로 거듭나기 위해서는 해외인력의 발굴은 필수적인 것이라 언급한 바 있다.

이러한 '한국의 시스템과 현지의 인재가 결합된 융합형 콘텐츠'라는 시도가 가장 활발하게 전개된 곳이 바로 일본이다. 생각해보면 20년 전 보아나 동방신기의 케이스가 반대로 적용되고 있는 셈. 그간 양국 대중문화의 지형도가 어떻게 바뀌었는지 생생하게 보여주는 사례이기도 하다. 큰 시장성을 가진 일본과 제작 노하우를 가진 한국의 이해관계는 톱니바퀴처럼 맞아 떨어졌고, 일본 10대들의 동경을 원동력 삼아 빠르게 이 경향을 수익모델로 정착시키기에 이르렀다.

2019년 CJ E&M과 요시모토 흥업의 협업을 통해 제작된 〈PRODUCE 101 JAPAN〉은 그 흐름에 스타트를 끊은 프로그램이었다. 투표 조작 이슈로 인해 한국에서는 더 이상 활용이 불가능했던 포맷을 일본으로 이식, 이것이 흥행을 거두며 현지화 전략의 패러다임을 '국가별 유닛' 중심에서 '서바이벌 오디션을 통한 현지화 그룹 데뷔'

로 돌려 놓는 데에 결정적 역할을 했다.

일본 역시 이에 대한 기대감이 높았음은 소프트뱅크, 나이키 등이 참여한 스폰서 명단이 증명한다. 더불어 TBS를 통해 방송된 마지막화를 제외하면 모두 야후 재팬이 운영하는 동영상 스트리밍 사이트 갸오(GYAO!)를 통해 공개되었는데, 레거시 미디어를 배제했다는 점에서 10대들은 이미 TV 위주의 콘텐츠 소비와는 거리를 두고 있었다는 것을 알 수 있다. 이와 같이 잘파 세대를 중심으로 진행된 미디어 소비 패턴의 변화는 플랫폼의 민주화 및 글로벌 접근성 향상을 주도하며 KPOP 스타일 그룹의 성장에 기여했다. 이와 같은 환경 변화를 마주한 소비자의 능동성은 전에 없이 극대화되었으며, 이로 인해 음악 소비의 주도권이 방송사나 레코드 회사에서 소비자로 완전히 이동하게 되었다. 이러한 상황에서 현 대중의 기호에 완벽히 부합하는 KPOP 스타일의 강렬한 퍼포먼스와 시각적 요소는 자연스럽게 경쟁력을 갖게 되었고, 일본 내에서도 이러한 방식을 도입한 그룹들이 성공할 수 있는 토양이 마련되었다.

그렇게 데뷔 전부터 서사를 차곡차곡 쌓아 데뷔한 제이오원(JO1)은 전 앨범 오리콘 차트 1위, 2년 연속 〈일본 레코드 대상〉 우수 작품상 수상, 도쿄 돔을 포함한 월드 투어 실시 등 지금까지도 폭발적인 인기를 누리는 중. 시즌을 이어가며 탄생한 아이엔아이(INI)와 미아이(ME:I) 또한 선배 그룹의 기세를 무리 없이 이어가는 중이다.

기획사의 이름을 내건 현지화 그룹의 런칭은 JYP가 한발 앞서 추진했다. '글로벌라이제이션 바이 로컬라이제이션'의 기조를 내세운 오디션 〈Nizi Project〉는 소니뮤직의 전폭적인 지지와 인간적인 멘토상으로 일본 대중들에게 강한 인상을 준 '모찌고리(떡고릴라)' 박진영의 화제성에 힘입어 니쥬의 데뷔를 성공적으로 이끌었다. 특히 피로감을 주는 경쟁과 자극적인 편집이 주가 되는 여타 오디션과 달리, 참가자들의 연대와 화합을 중시하며 감동을 전달했다는 점이 차별화 요소로 작용하며 그룹에 대한 관심을 보다 넓은 세대로부터 획득할 수 있었다. 프리 데뷔 곡이었던 'make you happy'(2020)는 공개 3일만에 일본 내 각종 음악 플랫폼의 64개 차트에서 1위를 기록했으며, 당시 여성 그룹으로서는 최초로 1억 스트리밍을 돌파함과 동시에 포인트 안무인 줄넘기 춤이 숏폼을 통해 큰 인기를 얻는 등 신드롬에 가까운 등장으로 양국 음악 관계자의 이목을 끌기도 했다.

사실 당시 〈PRODUCE 101 JAPAN〉과 〈Nizi Project〉를 바라보는 한국 대중들의 시선이 마냥 곱지만은 않았다. 오디션 초반부터 한국의 시스템이나 노하우를 대가 없이 일본에 전수하는 것이 아니냐는 비판이 있었고, '한국인이 없는 KPOP 그룹'이라는 개념이 성립할 수 있는가'에 대한 논쟁도 활발하게 오갔다.

그 시기를 지나 어느덧 KPOP은 이제 국경과 상관없이 전 세계가 공유하는 음악 비즈니스이자 시스템의 한 형태로 자리잡았다. 어느덧 하이브 소속의 현지화 그룹 캣츠아이(KATSEYE)가 2026년 그래미 어워드의 제너럴 부문인 베스트 뉴 아티스트에 노미네이트 되는 시대를 살고 있다. 많은 해외의 제작자들은 고도화된 육성/제작 시스템을 벤치마킹하기 위해 한국을 방문하고 있으며, 적극적인 투자 또한 마다하지 않는다. 연습생부터 데뷔에 이르는 체계적인 프로세스와 팀에 고유한 색을 입히는 A&R, 여기에 날이 갈수록 발전해 가는 화려한 퍼포먼스. '무국적'을 기반으로 규격화 된 현 KPOP 문법에서, 국가적 정체성으로서의 'K'는 상당부분 희석되었음을 부인하기 어렵다.

이 명제가 KPOP 시스템을 일본 자체 자본과 인력으로 구현한 팀들의 등장으로 증명되고 있는 상황이다. 이미 비:퍼스트라는 대표적 사례가 있다. 오디션 프로그램 〈THE FIRST〉를 통해 선발된 7인이 주축이 된 그룹으로, 그 배경에는 혼성그룹 AAA의 멤버인 스카이-하이(SKY-HI)의 야심이 담겨 있다. 그는 2020년 자비 1억엔을 들여 매니지먼트사 〈BMSG〉를 설립, 에이벡스 및 유니버설 뮤직과 연계한 음악 레이블까지 구축해 아티스트 제작에 심혈을 기울이기 시작했다. 일본에 우수한 인재가 KPOP 신으로 유출되는 현 상황에 대응해 일본인 아티스트 활약의 새로운 장을 마련하고자 한 것이 그가 가진 가장 큰 목표였다.

KPOP 스타일의 음악과 퍼포먼스를 벤치마킹해 새로운 방향성의 그룹을 런칭하고자 했던 의도가 오디션 〈THE FIRST〉를 통해 구체화되었고, 이를 통해 탄생한 비:퍼스트는 독자적인 정체성으로 빠르게 대규모 팬덤을 구축했다. 현재는 돔투어 한 번에 30만명 이상을 동원하는 초대형 그룹으로 거듭난 상황. 여기에 2025년 화제의 중심에 선 또 하나의 경연 〈NO NO GIRLS〉 역시 〈BMSG〉 산하의 예능 사무소 〈B-RAVE〉에 의한 것. '연령, 체중, 나이는 필요 없습니다. 단지, 당신의 목소리와 인생을 보여주세요'라는 슬로건으로 통념적인 '미'의 기준 대신 '재능'을 중시함과 동시에 세계 각국으로부터 지원자를 받는 등 글로벌 지향의 오디션 프로그램으로 포지셔닝하며 또 한 번의 차별화를 꾀했다. 이를 통해 탄생한 걸그룹 하나(HANA)는, 파격적이고도 강렬한 퍼포먼스로 역량을 인정받으며 2025년 최고의 루키로 더할 나위 없는 한 해를 보냈다.

베이스캠프를 한국에 두고 KPOP 시스템을 완벽히 체화한 일본 기반 걸그룹 엑스지의 존재는 '일본 발 KPOP 스타일 그룹'의 새로운 현주소를 보여주는 대표적 사례다. 2022년 'Tippy Toes'로 데뷔한 엑스지는 에이벡스 산하의 XGALX에서 오랜 기간 심혈을 기울여 제작한 7인조 걸그룹. 특히 이들은 'Xtraordinary Genes'라는 이름에 걸맞게 일반적인 아이돌 그룹의 범주를 넘어, 힙합과 R&B를 기반으로 독자적인 음악 세계를 구축하고 있다.

엑스지가 특별한 이유는 애초부터 일본 시장에 한정되지 않은 글로벌 타겟팅을 전략적으로 실행했다는 점이다. 이들은 데뷔 이후 거의 모든 음악을 영어로 발표하며, 국가적 정체성보다는 그룹 자체의 아이덴티티와 음악적 완성도에 초점을 맞추는 전략을 취했다. 이는 KPOP의 현지화 경향과 일맥상통하는 부분이다. 이러한 글로벌 전략은 2025년 코첼라 무대 입성으로 일차적인 결실을 맺었다. 레이디 가가, 그린 데이(Green Day), 포스트 말론(Post Malone) 등 쟁쟁한 헤드라이너들과 함께 이름을 올린 이들은 사하라 스테이지에서 압도적인 퍼포먼스로 '일본 발 KPOP 스타일 그룹'의 높은 완성도를 전 세계에 증명했다. 나아가 미국, 유럽, 남미를 아우르는 월드투어를 진행하며 일본 도쿄돔에서의 그랜드 피날레를 마친 이들의 행보는, 국가적 구분을 초월한 글로벌 음악 시장의 새로운 트렌드를 보여주는 지표이기도 하다.

비:퍼스트와 하나, 그리고 엑스지와 같은 그룹들의 성공은 더 이상 'KPOP'이 한국만의 전유물이 아니라는 사실을 명확히 보여준다. 그

들은 KPOP의 제작 시스템과 비즈니스 모델을 벤치마킹하면서도, 자국의 문화적 감성과 정체성을 결합해 새로운 음악적 영역을 개척해 나가고 있다. 마치 1990년대 초중반 일본 음악이 한국 대중음악의 방향성에 큰 영향을 미쳤던 것처럼, 이제는 역으로 KPOP이 일본 음악의 진화 방향에 결정적인 영향력을 행사하고 있다고 봐도 무방할 것이다.

즉, 지금 우리가 목격하고 있는 것은 단순한 한류의 연장이 아닌, 글로벌 팝 문화의 새로운 패러다임이라는 것이다. 이와 같은 확장의 파노라마는 KPOP의 르네상스가 여전히 진행 중이며, 그 영향력은 계속해서 확장될 것을 예고하고 있다. 이처럼 KPOP이라는 요소가 양국에게 창의적 자극과 새로운 기회를 제공하고 있다 해도 과언은 아닐 것이다. 이를 기반으로 한 상호작용은 앞으로 더욱 다양한 형태의 음악적 실험과 협업으로 이어지지 않을까. 우리는 그 결과물이 곧 현실로 다가올, 흥미진진한 여정의 한가운데에 서 있다.

 ## 추천 앨범

🔊 비 : 퍼스트(BE : FIRST) ⟨BE:1⟩ (2022)

포맷은 KPOP이지만, 음악을 잘 뜯어보면 전혀 다른 방향으로 나아가고 있음을 알 수 있는 그룹의 데뷔작. 전체적인 제작 공정이 한국의 시스템을 벤치마킹했다는 점은 분명하지만, 곡 제작은 현재 대세로 여겨지는 다인원 협업체제 대신 기존의 소수 작곡가 체제를 고수하고 있다는 점이 흥미롭다. 이미 업계에선 정평이 난 프로듀서이자 작곡가 Ryosuke "Dr.R" Sakai, 크루 엔타운의 음악을 도맡으며 존재감을 뽐내고 있는 차키 줄루, 래퍼로도 맹활약중인 노벨 코어, 알앤비 싱어송라이터 신의 신예 에이루 등 분야가 겹치지 않는 다양한 아티스트의 정체성을 통해 상업적 트렌드와 예술적 진정성 사이의 섬세한 균형점을 찾아가는 여정을 그려내고 있다. 큰 스케일의 화려함 보다는 미니멀한 규모의 사운드를 통해 피로감을 덜고 보다 음악 자체 집중할 수 있는 공간을 창출하고자 하는 의도 역시 이 작품의 장점이라고 할 수 있을 터. 표면적 포맷과 내적 본질, 트렌드와 전통, 글로벌과 로컬 사이의 경계를 창조적으로 협상해가는 과정이 설득력 있게 담겨 있는 작품이다.

🔊 엑스지(XG) ⟨AWE⟩(2024)

일본이 KPOP을 자신들의 음악시장에 어떻게 흡수해 가고 있는지에 대한 대답과도 같은 작품. R&B와 힙합 등의 블랙뮤직을 기반으로 한 프로덕션은 KPOP의 트렌디함에 장르 뮤직으로서의 매력까지 더하며 충분히 설득력 있는 음악을 들려주고 있다. 글로벌을 겨냥한 영어 가사의 활용은 동일하며, 팀의 정체성은 유지하되 수록곡들은 다양한 분위기를 오가며 다채로움을 더하고 있다.

늑대 울음소리를 연상케 함과 동시에 묵직하고도 차분하게 텐션을 유지해 가는 'AWE'를 비롯, UK 개러지 스타일을 통해 새로운 그루브를 창출하고 있는 'SOMETHING AIN'T RIGHT', 까마득한 선배인 엠플로의 곡 'Prism'을 샘플링함과 동시에 투스텝 리듬으로 부유감을 구현한 'IYKYK' 등 모든 곡이 타이틀로 밀어도 손색없을 정도의 완성도를 자랑하고 있다. 여기에 'WOKE UP REMIXX'에는 팔로알토나 박재범과 같은 한국 래퍼도 참여하고 있어, 국가보다는 장르와 감성을 중심으로 재편되는 음악 소비의 지금 또한 확인할 수 있는 앨범으로 자리하고 있다.

하니의 '푸른 산호초'가
열어젖힌 시공간
- 뉴진스의 일본 진출 속 JPOP

"아~ 와타시노 코이와~ 미나미노~ 카제니 놋테 하시루와~" 2024년, 이 노래는 의외의 곳에서 의외의 인물에게 불려지고 있었다. 그야말로 폭발적이었던 한국에서의 인기를 그대로 이어받아 무려 '도쿄 돔'에서 성사된 일본 데뷔 쇼케이스. 당시 '탈KPOP의 공식으로 써내려간 KPOP'으로 음악 신을 지배할 기세였던 뉴진스는, 공연 중간 분위기를 일신하는 커버곡을 통해 큰 화제를 불러모았다.

현지 시티 팝의 인기를 의식한 혜인의 'Plastic Love(원곡: 타케우치 마리야)'(1984)나 10~20대들을 타깃으로 한 민지의 '踊り子(무희)(원곡: 바운디)'(2021)도 많은 주목을 받았지만, 이제 언급할 이 순간만큼은 그야말로 '시간을 초월했다'고 해도 과언은 아닐 정도의 파급력을 보여주었다. 세인트 제임스 풍 줄무늬 티셔츠와 하늘하늘한 흰색 스커트, 원작자의 이름을 딴 '세이코 컷'이 연상되는 헤어 스타일과 함께 '青い珊瑚礁(푸른 산호초)(원곡: 마츠다 세이코)'(1980)를 부르던 하니의 실

루엣. 머리를 살짝 기울이며 눈을 지그시 감고 미소 짓는 표정, 원곡자의 안무를 완벽히 재현한 섬세한 손동작까지. 이 모든 요소는 마치 80년대 일본의 한 장면이 현재로 소환된 듯한 착각을 불러일으켰다. KPOP 아이돌이 일본의 경제 부흥기를 상징하는 쇼와 시대의 메가 히트곡을 선사하는 이 의외의 광경은, 바다 건너 국민들에게 향수를 일으킴과 동시에 우리나라에도 큰 호기심을 불러일으켰다.

다음 날 이 무대는 양국 매체에서 대서특필됨과 동시에 실시간 검색어 상위권을 차지하는 위용을 보였다. 음원 사이트 스포티파이는 순식간에 스트리밍 횟수가 약 530% 증가했다 밝혔으며, 우리나라의 멜론 역시 해당 곡의 순위가 대폭 상승하는 추이를 보이기도 했다. 여기에 그치지 않고 현지 음악방송에서는 급하게 하니를 섭외해 '青い珊瑚礁(푸른 산호초)' 무대를 재현하기도 했다. 일본의 대형 레코드 체인점 타워레코드에서는 마츠다 세이코의 앨범 판매량이 눈에 띄게 증가했으며, 관련 굿즈 판매도 급증했다는 기사가 보도되기도 했다. 이 열풍을 지금 와 가만히 생각해보면, 역시나 다분히 '전략적인 선택'이었다는 생각이 든다.

뉴진스는 데뷔 때부터 향수를 핵심 무기로 삼아왔다. 1980~90년대 영미권의 팝 사운드를 채택함과 동시에 그 당시 MTV에서 송출될 법한 영상미의 뮤직비디오를 내세웠던 'Attention'(2022)을 필두로, 투스텝 기반의 아련한 무드를 기반으로 누구에게나 있었을 법한 학창시절을 로우파이하게 담아낸 비주얼이 이러한 전략을 극대화했던 'Ditto'(2022)까지. 과거의 미감을 적극 활용한 이들의 활동, 여기엔 Y2K를 기반으로 한 노스탤지어의 미감과 바이브가 일관성 있게 스며

있다. 이 과정에서 세기말을 경험한 사람이라면 추억을 아련하게 곱씹어 볼 수 있고, 이에 대한 정보가 없는 10~20대들도 그 환상적인 시대상을 대리 만족하며 몰입 가능한 여지를 제공하는 것이다. 그렇게 뉴진스는 우리의 일상으로, 추억으로, 한편으로는 있었을 법한 과거로 존재하며 새로운 방향성의 그룹으로 자리잡았다.

앞서 언급한 '전략적인 선택'이라는 표현은, '青い珊瑚礁(푸른 산호초)'가 일본인들에게 있어 바로 이 '노스탤지어'의 영역을 가장 효과적으로 건드릴 수 있는 최적의 곡이었다는 데에서 비롯된다. 1980년대 초반 일본은 1970년대의 두 차례 오일쇼크를 극복하고 '안정 성장기'의 풍요를 만끽하던 시기였다. 고도 성장기의 치열함은 잦아들었으나, 경제적 자신감을 바탕으로 한 밝고 건강한 낙관주의가 사회 전반을 감싸고 있었다. 미래에 대한 기대감이 넘쳤고, 청춘과 희망의 이미지가 대중문화를 지배했던 당시의 시대상은 많은 일본인들에게 여전히 '잃어버린 영광의 시대'로 기억된다.

1980년에 선보인 '青い珊瑚礁(푸른 산호초)'는 당시 신인이었던 마츠다 세이코가 본격적으로 여성 아이돌의 시대를 열어젖힘과 동시에 시대를 풍미하는 존재로 발돋움하게 해준 곡이었다. 동시에 그 시대의 호황을 상징하는 넘버로도 자리잡으며 일본 대중음악사에 아로새겨져 있다. 아직까지도 많은 이들에게 리메이크됨과 동시에 마츠다 세이코 자신도 꾸준한 활동을 보여주고 있기에 바다 건너 국민들에겐 모르래야 모를 수가 없는 작품이다.

그런 상황에서 하니의 무대를 목격한 현지의 잘파세대들은 새로운 모습으로 구현된 과거의 유산을 신선하게 받아들였다. 마치 없었던 추

억까지 '기억 조작'으로 생겨날 정도로 아련한 정서에 빠져들게 만드는 강력한 매력. 이는 우리나라의 10대들이 'Ditto'를 접하며 느꼈던 몽글몽글한 애수에 비견할 법하다. 물론 '青い珊瑚礁(푸른 산호초)'의 경우 보다 빠르고 직접적인 효과를 위해 기성곡을 활용했다는 점은 상이하지만 말이다.

아티스트와 함께 황금기를 보냈던 중장년층에게 훨씬 더 즉각적인 감흥을 가져다 줬음은 불보듯 뻔한 일이다. 마침 일본에서는 '뉴진스 오지상'이라는 단어가 유행 중에 있었다. 오지상은 '아저씨'를 일컫는 일본어로, 대체로 40대 이상의 남성 팬층을 의미한다. 이들에게 있어 이 퍼포먼스는 청춘의 한 페이지를 다시 펼쳐 보임과 동시에 과거의 여유와 낭만을 떠오르게 해주는 초고속 타임머신과도 같았을 것이다. 더불어 과거 JPOP을 즐겼다거나, 영화 〈러브 레터〉의 인기로 인해 노래에 친숙해진 한국의 중장년층이 현지의 향수를 일부 공유하고 있다는 점 또한 흥미롭다.

이와 같은 흐름은, 하니의 무대를 통해 세대나 국가 간 경계에 상관없이 일종의 '노스탤지어 공동체'가 형성되었다는 분석이 결코 허황된 말로 들리지 않게끔 하는 근거로 분한다. 디지털 시대이기에 역설적으로 강해진 아날로그적 정서에 대한 갈망이 하니의 무대를 통해 일시에 분출되는 광경을 목격했다고 해도 과언은 아닐 듯싶다.

'일본의 노스탤지어를 자극한다'는 방향성은 무대에만 그치지 않는다. 일본 데뷔 싱글 'Supernatural'(2024)은 알앤비와 힙합을 적절하게 섞어 강력한 비트 위주로 전개되는 뉴잭스윙 사운드를 기반으로 하는 곡이다. 일본은 이미 1980년대부터 해당 스타일을 차용한 명곡들이 다수 탄생했다. 사노 모토하루의 〈VISITORS〉(1984), 쿠보타 토시노부(久保田 利伸)의 〈Such a Funky Thang!〉(1988)이나 미샤(MISIA)의 〈Mother Father Brother Sister〉(1997) 등에서 일본 블랙뮤직의 선구자들이 구사했던 뉴잭스윙 특유의 리드미컬함. 그 DNA를 이식한 'Supernatural'은 열도의 중장년층에게 한창 찬란했던 일본의 1980~90년대 풍경을 되새기도록 하기에 부족함이 없었다. 여기에 우타다 히카루의 〈First Love〉(1999)가 이식한 도회적 정서가 더해진다. 많은 이들이 알다시피 이 앨범은 지금까지도 오리콘 역대 앨범 판매량 1위를 유지하고 있다. 재차 일본의 화려했던 시절을 상기시키고 있는 셈이다.

여기에 비주얼적으로는 1990년대를 호령했던 걸그룹 스피드(SPEED)의 스포티한 스타일링과 에너지와 활기 넘치는 퍼포먼스가 감지된다. 스피드는 지금에 와 캐릭터를 강조하며 판도를 바꾼 모닝구무스메 등장 이전 '실력파 아이돌'의 마지막 세대라 평가될 정도로 일본인들이 자부심을 가지고 있는 그룹이기도 하다. 여기에 시티팝이나 네오 시부야계의 영향 또한 엿보이는 등 이 한 곡을 통해 '자신이 좋아했던 일본 음악'을 발견하는 경험을 유도하고 있다. 일본 음악사에 새겨져 있는 영광의 순간들, 그 정서를 완벽히 이해해 뉴진스의 음악에 심어 놓았다고 이야기할 수 있을 것이다.

이처럼 뉴진스의 일본 진출 전략에는 단순히 좋은 음악을 선보이는 것을 넘어, 일본의 음악적 유산과 문화적 코드를 깊이 이해해 적극 활용하는 로컬라이징 전략이 핵심임을 알 수 있다. 이는 기존의 KPOP 그룹들이 주로 채택했던, 단순히 언어만 바꾸는 접근법과는 확연히 다른 것이다. 글로벌 시장에서 성공하기 위해서는 음악적 완성도는 기본이고, 해당 국가의 문화적 맥락과 감성을 이해하고 존중하는 태도가 필요함을 이 사례에서 발견할 수 있다. 그룹이 지닌 국제적 감각과 현지화 능력은 그렇게 KPOP의 새로운 해외 진출 모델을 제시했다.

분명 이 사례는 향후 KPOP 해외 진출 전략에 있어 또 하나의 이정표가 되었지만, 뉴진스를 둘러싼 잡음은 씁쓸하게 다가오기도 한다. 그럼에도 그들이 보여준 고차원적 현지화 전략은 KPOP과 글로벌 음악 시장의 역사에 중요한 발자취로 남았다. 하니의 '푸른 산호초'가 열어젖힌 시공간의 여정, 훗날 다른 이들에 의해 재차 이어지길 바란다.

🎵 추천 앨범

🔊 마츠다 세이코(松田 聖子) 〈Pineapple〉(1982)

정규작만 해도 자그마치 54장. 마츠다 세이코가 얼마나 꾸준히 활동해 왔는지를 알려주는 지표다. 각자의 삶에 새겨져 있는 그의 모습이 다르기에 최애 앨범 또한 다양하게 꼽힐 법하지만, 그래도 음악적인 측면에서 두각을 보여줬던 작품은 아무래도 이 〈Pineapple〉이 아닌가 싶다. 키스키 타카오, 하라다 신지, 튤립의 자이츠 카즈오, 마츠토야 유미 등 당시 신을 이끌었던 뉴뮤직의 대표 아티스트가 한데 모여 당대의 아이돌이라는 페르소나로 펼쳐 보인 음악 세계는 황홀할 정도로 매력적이었다. 발랄한 리듬의 '渚のバルコニー(해변의 발코니)', 명발라드 중 하나로 꼽히는 '赤いスイートピー(붉은 스위트피)'와 같은 히트곡도 좋지만, 피아노와 바이올린을 중심으로 마치 아바(ABBA)의 넘버를 연상케 하는 세련된 전개의 'ひまわりの丘(해바라기 언덕)' 등 수록곡을 들

는 재미도 만만치 않다는 점에서 이 앨범의 가치가 더욱 도드라진다.

◄)) 쿠보타 토시노부(久保田 利伸) 〈Such a Funky Thang!〉(1988)
흑인음악에 담겨 있는 '리듬의 미학'을 일본 대중에게 선물과 같이 선사한 작품이다. 마이클 잭슨의 대표작 〈Bad〉의 역동성을 자신 나름의 펑키 뮤직으로 환원한 듯한 선구자적인 면모에 음악 애호가들이 열광했음은 두말하면 입 아픈 수준이다. 뉴잭스윙의 요소를 체화해 일본 블랙뮤직 신의 수준을 단번에 끌어올린 'Dance If you Want', 퓨전 재즈의 요소를 도입한 6/8박자의 전개가 새로운 영역을 개척하고 있는 'High Roller', 아메리칸 팝 발라드의 작법을 아시아의 보편적인 대중가요로 정착시킨 'Indigo Waltz' 등, 일본 R&B의 시작을 거론할 때 반드시 언급되어야 할 작품.

◄)) 우타다 히카루(宇多田 ヒカル) 〈First Love〉(1999)
일본에서만 800만장, 전 세계적으로는 1,000만장을 넘었을 것이라 추산되는 기념비적인 작품. 혜성처럼 등장한 이 신예는 누구도 가지 않은 방향을 제시하며 일본 대중음악사에 자신의 이름을 스스로 새겨냈다. 모두가 '블랙뮤직의 로컬라이징'에 고심할 때, 본토의 정서를 독자적인 스타일로 체화해 전에 없던 알앤비를 정착키며 당시 대중음악 신의 판도를 완전히 바꾸어 놓았다. 15세라는 어린 나이가 믿기지 않는 스모키한 음색과 능숙한 바이브레이션, 일본어의 관성을 타파한 음절의 분할과 '당신과의 키스는 담배향기가 났어요'라는 과감한 가사를 써내려갈 수 있는 담대함까지. 이 전에 없던 모든 것을 담고 있었기에 상업적 성공이 자연스레 따라올 수밖에 없었던, JPOP 사에 새로운 전환점을 제시한 혁신적인 작품이다.

일본 음악을 취재한다는 것, 결국 누군가를, 나를 위한 일

마지막으로 살짝 개인적인 이야기를 해볼까 한다. 이 사람이 뭐 하는 사람인데 이렇게 일본 음악에 대한 책까지 내고 있나 궁금한 분들도 계실 테고, 개인적으로 취재를 이어오며 간단하게 언급하고픈 에피소드들도 꽤나 쌓여 있다는 이유에서다.

2010년에 음악평론가 임진모 선생님께서 운영하시는 대중음악 웹진 이즘(IZM)에 들어가며 글을 쓰기 시작한 것이, 어느덧 여기까지 오게 되었다. 누가 보기에는 짧지 않은 시간이지만, 그 십여 년 동안 일본 음악의 수요가 폭발적이었던 때는 없었다. 오랜 기간 한국에서 일본 음악은 철저한 틈새 장르였다. KPOP이 전 세계를 휩쓸고 있던 시기에, 일본 음악에 관심을 갖는 사람은 극소수였다. 한때는 1년에 외부 의뢰가 겨우 서너 건에 그치는 경우도 있었다. 아, 이제 음악 쪽 일은 다 했구나 싶던 시기였다. 그러던 것이 주위 도움을 받아 알음알음 좀비같이 활동을 이어온 끝에 한국대중음악상이라는 평론가로서는 꽤나 큰 영예까지 도달할 수 있었다. 그리고 뒤이어 찾아온 JPOP 붐까지 경험하며, 이 시기가 언제 다시 올지 모르는 소중한 성수기임을 실감하고 있다.

돌이켜 보면 고등학교 시절 친구의 CD플레이어를 통해 접했던 두 애즈 인피니티(Do As Infinity)의 'Summer Days'라는 곡 하나가, 일본 음악의 입문 계기가 되며 장기적으로 내 삶에 큰 변화를 가져온 셈이다. 이즘에 들어와 박학다식한 선배들을 마주한 후, '가요나 팝으로는 어필하기 어렵겠다'는 현실적 판단에 본격적으로 파기 시작했던 것이 일본 음악이었다. 단순히 내가 좋아서 시작했을 뿐, 직업적 목표나 비전에 대한 고려는 조금도 없던 낙관적인 시절이었다. 그저 내가 쓴 글에 대해 피드백을 줄 누군가가 있다는 사실, 업로드한 리뷰를 읽고 반응해주는 독자들이 있다는 사실, 무엇보다 음악을 사랑하는 이들이 곁에 있다는 사실만으로도 충분했다.

매주 올리던 일본 앨범 리뷰도 보람 있었지만, 특히 나에게 생동감을 준 것은 라이브 취재와 아티스트 인터뷰였다. 공연기획사나 음반사와 연락을 시작해 관련 취재 원고가 완성되기까지의 전 과정은, 내가 살아있다는 느낌을 가장 생생하게 가져다준 경험이기도 했다.

2010년대만 해도 일본 가수들의 내한 공연이 가뭄에 콩 나듯 했다. 더불어 일본 기획사들의 매체 대응 방식은 깐깐하기 그지없었다. 준비하는 데 있어 고군분투가 필요했지만, 막상 당사자들을 마주하면 앞서 했던 고생이 스르륵 녹아내렸다. 프로의 흉내를 내보려고 했지만, 그들 앞에서는 영락없는 아마추어 인터뷰였다. 지금은 그나마 좀 정신을 차리고 냉정한 모습을 유지하려 하지만, 예전 나와 인터뷰한 팀들은 이 사람이 정말 평론가인지 아니면 그냥 열성팬인지 구분이 가지 않았을 것이다. 그만큼 평정심을 유지하지 못했던 기억이 난다. 그런 경험이 있었기에 성장할 수 있었겠지만, 아무튼 그 당시 내 모습을 떠올리면 참 부끄러울 따름이다.

코로나19 팬데믹 이전에는 보통 매체 대응을 음반사에서 도맡곤 했었다. 아티스트의 내한 소식이 뜨면 소속 직배사를 확인하고, 주변에 수소문해 연락처를 받아 담당자와 접촉해 인터뷰 일정을 잡았다. 일단 한 번 일을 하고 나면 그 뒤부터는 서로의 존재를 알기 때문에 한층 일이 쉬워지지만, 그 전에는 이즘은 뭐 하는 곳인지 나는 어떤 경력이 있는지 등등 증명하는 과정이 쉽지 않았다. 다행히 웹진 대표이신 임진모 선생님의 명성 덕분인지 대부분 승인이 났고, 소중한 시간을 얻어 적지 않은 이들과 만나 이야기를 나눌 수 있었다. 따지고 보면 그렇게 시작할 수 있었던 것도 참 복이었다는 생각이 든다.

앞서 이야기했듯 일본은 아티스트의 이미지와 콘셉트 관리를 극도로 중시하는 문화가 발달해 있어, 모든 매체 노출에 대해 철저한 사전 검토를 거친다. 그러다 보니 아무래도 취재하는 이의 자유도는 상대적으로 제한된다. 우선 질문지부터 먼저 만들어 보내야 한다는 점부터가 다르다. 한국에서는 거의 없는 일이다. 보통은 그대로, 수정이 있더라도 일부분에 그치지만, 한번은 3분의 1 정도에 빨간 줄이 가 있어 당황스러웠던 적도 있었다. 이는 뮤지션 개인의 의지라기보다는, 의도된 이미지만 노출시키려는 소속사의 관리 측면이 크다고 할 수 있다. 상당 부분이 삭제된 경우, 이 시점에서 이미 인터뷰가 며칠 남지 않았기에 다른 질문을 추가해 보내기도 어렵다. 그렇다고 현장에서 없던 질문을 하는 것도 실례이기 때문에, 일단은 있는 내용에서 최대한 좋은 대답을 뽑아보자는 의지를 가지고 약속 장소로 향하곤 한다.

사진 역시 마찬가지다. 전속 기사가 와서 직접 사진을 찍은 후 보내 주는 경우가 있는가 하면, 일단 취재하는 측에서 사진사를 대동해 촬영한 후, 그날 찍은 사진을 보내면 그중에 올라갈 사진을 선별해주는 식이다. 나는 대개 사비를 들여 전문 인력을 대동했는데, 약 20장 정도를 추려 보내도 승인이 나는 건 서너 장 정도이기도 했다. 내용 정리 후에도 현지의 검수를 거친다. 오해될 수 있는 내용이라든가 불필요한 말들, 더불어 멤버 이름, 앨범이나 곡 제목에 있어 공식 표기가 아닌 부분도 지적 대상이다. 한자와 영어뿐만 아니라, 대문자와 소문자 구별도 철저하게 확인한다. [알렉산드로스] 인터뷰 당시, 한글 번역본에서 밴드 표기에 괄호가 빠져 있다는 피드백을 받았던 기억이 난다. 지금이야 너무나 당연한 지적이지만, 당시는 사실 '이렇게까지 한다고?'라는 느낌이었다.

이렇듯 차가우리만치 철저한 스태프들과는 달리, 현장에서 만나는 아티스트들은 너무나도 친절했다. 장난스럽게 깔깔거리며 이야기를 주고받았던 오렌지 렌지, 해외 라이브 자체가 처음인 래드윔프스와의 인터뷰 후 어디서 일본어를 배웠는지 호기심 어린 표정으로 물어보던 노다 요지로, 문화에는 국경이 존재하지 않는다고 말하던 미야비(MIYAVI)의 진지한 표정들이 여전히 생생하다. 극단적으로 콘셉추얼할 것 같았던 세카이 노 오와리는 사진은 승인 없이 사용해도 된다며 예상 외의 관대함을 보였고, 예전 소속사 언급이 나올 때 내가 "라스트럼이었죠?"라고 응답하자 따스하게 "뭐든지 다 알고 계실 것 같은 느꿈이네요!"하고 말해주던 사오리(Saori)의 모습 역시 내 인생에 자리한 소중한 한 컷이다.

[알렉산드로스]의 카와카미 요헤이(川上 洋平)는 "내가 오늘 일본어 선생님이 되어드리겠습니다!"라고 이야기하며 분위기를 훈훈하게 만들었고, 복잡한 박자의 매스 록을 구사하는 토리코(tricot)와의 인터뷰 당시 "앞으로도 너무 단순한 곡은 만들지 말아주세요."라고 농담을 건네니 폭소하던 멤버들의 모습도 떠오른다. 자신의 철학을 올곧게 전달하던 중 예정된 시간이 넘어가니 "뒤에 아무 일정도 없죠? 조금 더 해도 될 것 같은데"라고 먼저 이야기해주던 호소미 타케시의 강인함 뒤에 숨겨진 인자함, '아저씨'라는 한국말로 자신을 지칭하며 진솔한 대답을 통해 나에게 큰 깨달음을 주기도 한 텐-핏의 타쿠마(TAKUMA), 얼마 전 인터뷰에 입고 간 〈SWEET LOVE SHOWER 2023〉의 티셔츠를 보고는 그때 누가 출연했는지 잠시 봐도 되겠냐며 내 등 뒤를 한참 응시하던 브랜디 센키(ブランデー戦記)의 보리(ボリ)도 언제든 떠올릴 수 있는 좋은 추억들이다. 마지막으로, 인천의 고층 호텔에서 "여기서 서울까지 얼마나 걸리나요? 서울에도 가보고 싶은데 이번에는 시간이 없네요"라고 익살맞게 이야기했던, 이르게도 멀리 떠나가버린 서치모스의 스까지. 모두가 지금의 나를 있게 한, 인생의 교훈을 준 이들이다.

코로나19 이후의 취재 양상은 많이 바뀌었다. 최근 몇 년간 수많은 일본 아티스트가 내한했지만, 이미 이즘을 떠난 상황이기에 내 글을 실어줄 매체를 찾기가 어려워졌다. 더욱이 코로나19 팬데믹을 거치며 기존 네트워크는 무용지물이 되었고, 본 적 없는 새로운 공연 기획사들이 JPOP 공연을 주도하기 시작했다.

아티스트 측의 프로모션 전략도 완전히 달라졌다. 이미 검증된 아티스트들이 오는 데다 짧은 일정으로 최대 효과를 노리다 보니, 효율성을 중시하는 경향이 강해졌다. 요아소비가 침착맨의 유튜브 채널에 출연했다는 점은 상징적이다. 개인적으로도 몇몇 대형 아티스트를 접촉해 본 바가 있으나, 돌아오는 것은 "이번 내한은 무(無) 프로모션이라던데요"라는 대답뿐이었다. 굳이 나 같은 사람이 아니더라도 알아서들 필요한 정보를 공유하고 창작하는 SNS 시대다. 그래서 JPOP 붐 초반엔 묘한 무력감을 느끼기도 했다. 그토록 기다리던 시기가 왔는데, 정작 아무것도 할 수 없는 자신을 발견했기 때문이다.

시간이 좀 지난 지금은 시대의 변화를 인정하는 중이다. 다행히 나도 최근 한 매체의 도움을 받아 미세스 그린 애플과 요네즈 켄시, 아이묭의 라이브를 취재하고 챤미나나 브랜디 센키, 펜트 하우스(Penthouse) 등과 서면 또는 대면 인터뷰를 하는 등 여전히 내 자리에서 할 수 있는 일들을 찾아가고 있다.

최근에는 대부분의 인터뷰 기회는 팔로워 수가 많은 인스타그램 내 일본 음악 관련 채널에게 돌아간다. 이런 곳들의 존재가 참으로 고맙다. 누가 시키지도 않았는데 스스로 정보를 업로드하고 콘텐츠를 창작해 올리는 모습은 게으른 나를 돌아보게 만든다. 영향력이 큰 만큼 관련 취재 기회가 몰리는 것은 당연한 이야기다. 다만 조금이라도 많은 이들에게 일본 음악의 매력을 알리고 있다는 커다란 순기능 속, 플랫폼 특성상 내용이 다소 얕아질 수밖에 없다는 점은 아쉽다. 물론 이는 같은 레거시 미디어에 익숙한 사람들에게나 해당되는 이야기일 테다.

영상을 대동해 짧게 그들의 관심사를 훑어주는 지금의 포맷이 주 소비층에게는 훨씬 적합하다는 것은 두말하면 입 아프다. 어쨌든 나도 나만이 할 수 있는 일들이 분명 있다. 예를 들면 이 책을 쓰거나 하는 것들 말이다.

언젠가는 지금과 같은 열풍도 사그라들 것이다. 최근의 추세를 봐서는 예전과 같은 암흑기와 같은 시절로 돌아갈 것 같지는 않지만, 지금보다 관심이 덜해지는 시기는 분명히 올 것이라고 생각한다. 그때가 되면 다시 한국을 찾는 아티스트가 줄어들고, 공연장의 열기도 예전만큼은 못할 것이다. 그럴수록 나는 결심한다. 한국 내 일본 음악 신의 흥망성쇠에 휘둘리지 말자고. 늘 그랬듯 내가 듣고 싶은 음악을 듣고 보고 싶은 공연을 보고 쓰고 싶은 음악을 쓰고 말하고 싶은 감상을 말하자고. 누가 찾지 않아도 나를 위해 하자고, 무언가를 만들어 바다 건너에 대한 음악을 꾸준히 다루자고 말이다. 그것은 누군가를 위한 일이기도 하지만, 결국 나를 위한 일이니까. 이제 겨우 15년, 아직도 갈 길은 멀게 느껴진다. 내 삶을 더욱 풍요롭게 만들 앞으로의 여정, 그 기대감에 나는 여전히 두근거린다.